当代中国学术文库

# 公司治理与
# 会计政策选择研究

王 宁 / 著

中国书籍出版社
China Book Press

**图书在版编目（CIP）数据**

公司治理与会计政策选择研究/王宁著 . —北京：
中国书籍出版社，2017.9
ISBN 978 - 7 - 5068 - 6407 - 7

Ⅰ . ①公⋯　Ⅱ . ①王⋯　Ⅲ . ①企业—会计制度—研究
—中国　Ⅳ . ①F279.23

中国版本图书馆 CIP 数据核字（2017）第 206783 号

公司治理与会计政策选择研究

王宁　著

| | |
|---|---|
| **责任编辑** | 许艳辉 |
| **责任印制** | 孙马飞　马　芝 |
| **封面设计** | 中联华文 |
| **出版发行** | 中国书籍出版社 |
| **地　　址** | 北京市丰台区三路居路 97 号（邮编：100073） |
| **电　　话** | （010）52257143（总编室）　　（010）52257140（发行部） |
| **电子邮箱** | eo@ chinabp. com. cn |
| **经　　销** | 全国新华书店 |
| **印　　刷** | 三河市华东印刷有限公司 |
| **开　　本** | 710 毫米×1000 毫米　1/16 |
| **字　　数** | 88 千字 |
| **印　　张** | 6.5 |
| **版　　次** | 2018 年 1 月第 1 版　2018 年 1 月第 1 次印刷 |
| **书　　号** | ISBN 978 - 7 - 5068 - 6407 - 7 |
| **定　　价** | 28.00 元 |

# 前　言

　　根据利益相关者理论,公司治理中利益相关者都应分享公司所有权,并拥有明确的公司控制权和收益权。会计政策选择权是剩余控制权的一种,会计政策选择权属于利益相关者。会计政策选择权受到内、外两种机制的制约。内在约束机制为公司治理结构,外在约束机制为利益相关者利益委员会。本书从公司治理的角度,深入探讨会计政策选择与公司治理的关系及不同公司治理模式下会计政策选择的特点,并对TCL集团具体会计政策选择进行了案例分析,以求丰富公司治理及会计政策选择的理论,完善公司治理结构,提高会计政策选择的效率性。

　　本文分为五个部分:

　　第一部分,绪论。包括研究背景,文献回顾及评析,研究方法,研究思路及本书结构。这部分内容是下文写作的基础。本书通过对会计政策选择及公司治理的文献回顾,发现从公司治理角度来探讨会计政策选择的文献不多,但是学者们普遍认为会计政策选择是公司治理中各相关利益方博弈均衡的结果、公司治理是影响会计政策选择的一个重要因素。

　　第二部分,会计政策选择与公司治理的基本理论。包括会计政策选择与公司治理的理论基础,会计政策选择的基本理论及公司治理的基本理论。首先,讨论了会计政策选择与公司治理的理论基础:利益相关者理论。根据利益相关者理论,公司治理是协调公司利益集团关系的系统工程;会计政策选择的目标是利益相关者利益最大化;会计政策选择权属于利益相关者。其次,讨论了会计政策选择的基本理论:含义、类型、原因、内容。会计政策选择包括宏观会计政策选择和微观会计政策选择,本文主要研究微观会计政策选择即企业会计政策选择。根据会计政策选择的动机,会计政策选择分为机会主义型会计政策选择和效率型会计政策选择。会计政策选择的原因包括客观原因和主观原因。机会主义型会计政策选择与效率型会计政策选择的主观原因有所区别。机会主义型会计政策选择的主观原因为:企业管理当局的自利行为。效率型会计政策选择的主观原因为:平衡公司治理中各利益相关方的利益。最后,讨论了公司治理的基本理论:含义、内容及类型。公司治理是一个广义的概念,从内容上看,包括外部治理机制和内部治理结构。公司治理的类型主要有:外部监控式公司治理模式、内部监控式公司治理模式及家族监控式公司治理模式。

　　第三部分,公司治理与会计政策选择的关系。包括:公司治理的目标与会计政策选择的目标;会计政策选择在公司治理中的地位;公司治理中各利益相关者对会计政策选择的影响;不同公司治理模式下会计政策选择的特点;公司治理与会计政策选择的关系。笔者认为会计政策选择影响着上市公司的整体利益,涉及公司的生存与发展,同时也影响到股东、董事会、经理层等各个方面的利益。股东、管理层、债权人、政府、员工分别在不同方面对会计政策选择产生了影响。股东出于资本安全、股利偏好、资本利得等动因会对会计政策选择产生影响;管理层利用其对会计信息的垄断地位,会在会计准则允许的范围内选择对自己最为有利的会计政策;债权人对会计政策选择的影响主要体现在债务契约的规范和完善上;员工出于工资、奖金、股利动因而关注会计政策选择。通过分析不同公司治理模式下会计政策选择的特点,笔者认为外部监控式公司治理模式下公司治理的关键问题是强管理层、弱股东,其会计政策选择的特点为效率性和机会主义行为并存;内部监控式公司治理模式下公司治理的关键问题是利益相关者的利益结合,其会计政策选择的特点为趋向于效率性;家族监控式公司治理模式下公司治理的关键问题是强家族大股东,弱中小股东,其会计政策选择的特点是效率性行为动机最强。最后,通过以上分析及结合2006年中国上市公司治理指数相关数据,笔者认为,公司治理是会计政策选择的内在约束机制,公司治理与会计政策选择之间是环境与系统的关系,公司治理在很大程度上影响会计政策选择;会计政策选择是公司治理中的利益相关者处理经济关系、协调经济矛盾、分配经济利益的一项重要措施;完善公司治理会实现会计政策选择的公允。

第四部分,从公司治理视角看 TCL 集团合并会计方法的选择。首先,结合新会计准则研究了 TCL 集团合并会计方法选择对资产负债表及利润表的影响。结果表明:TCL 集团在合并基准日(2003年6月30日),采用权益结合法下的无形资产、股东权益、资本公积的数值、少数股东权益均低于购买法,而未分配利润、净利润的数值高于购买法。其次,分析了 TCL 集团的 2003—2006 年的经营状况和股权结构、股东大会、董事会、监事会及经营者激励等内部治理结构。研究发现,TCL 集团的股权结构不合理,形成明显的"中央集权";参加股东大会的人数逐年递减,而且出席股份的比例不高;TCL 集团的董事会规模偏大,董事会代表的股权比例偏低;TCL 集团的董事长兼任总经理,未能实现两职分离,难以实现董事会监督的独立性和有效性;董事会成员及监事会成员的学历偏低,年龄偏大;TCL 集团的高管薪酬较高。最后,从公司治理的角度对 TCL 集团合并会计方法的选择进行了评析。笔者认为 TCL 集团公司治理具有外部监控式公司治理模式和内部监控式公司治理模式的特点;在 TCL 集团的公司治理下,会计政策选择的效率性和机会主义性并存;TCL 集团合并会计方法的选择是股东、管理层、政府等各利益相关者博弈均衡的结果。

第五部分,完善公司治理结构、实现会计政策选择的公允。笔者分析了现阶段公司治理中存在的主要问题并提出了完善公司治理的途径。现阶段公司治理的主要问题是:股权结构不合理、缺乏多元股权制衡机制,内部人控制严重,监事会职责弱化,对经营者缺乏有效的激励机制。完善公司治理的途径主要有:明晰产权,发挥产权制度对会计信息生成过程的规范和界定功能;优化上市公司股权结构;发展独立董事制度,防止"内部人控制";加强监事会的独立性;建立完善的经营者评价与激励机制。在我国目前的公司治理模式下,会导致企业偏向会计政策型会计政策选择。公司治理的完善为会计政策选择提供了一个良好的环境,从而有利于实现会计政策选择的公允。

本书的创新点在于：

第一，分析了会计政策选择的客观原因及主观原因，认为机会主义型会计政策选择和效率型会计政策选择的主观原因是不同的。

第二，具体分析了公司治理与会计政策选择的关系，本文认为公司治理是影响会计政策选择的内在原因，但不是唯一原因，完善公司治理结构会实现会计政策选择的公允。

第三，研究了不同公司治理模式下会计政策选择的特点。本文分别从股权结构、控制权结构、公司治理目标等方面分析了外部监控式公司治理模式、内部监控式公司治理模式、家族监控式公司治理模式的特点及不同治理模式下会计政策选择的特点。

第四，具体分析了2003年TCL集团合并会计方法选择的会计后果及TCL集团的公司治理结构，并从公司治理的角度对TCL集团合并会计方法的选择进行了评析。

# 目　录
## CONTENTS

# 1. 绪　论

## 1.1　研究背景

　　会计政策选择是联系会计理论与会计实务的纽带,贯穿于企业从会计确认到计量、记录、报告各环节构成的整个会计过程。一方面,会计政策选择要以会计理论研究为依据;另一方面,会计理论要通过会计政策选择而付诸会计实务。国内外许多学者对会计政策选择进行了大量的研究,并取得了有价值的结论,特别是会计政策选择的三大著名假说,即管理当局分红计划、债务契约假说和政治成本假说,推动了会计政策选择理论的发展。

　　会计政策选择影响资本市场效率及会计信息质量。我国企业目前的外部与内部监督、约束机制还不完善,容易导致企业偏向机会主义型会计政策选择。会计政策选择包括宏观会计政策选择和微观会计政策选择。宏观会计政策选择的核心是会计准则和会计制度,微观会计政策选择即企业会计政策选择。本书主要研究企业会计政策选择。

会计政策选择是一个十分复杂的过程,它受会计环境和各种社会契约成本等因素的制约。近年来,郑百文、银广夏等会计造假案件的出现,影响了资本市场的效率。其会计造假的手段之一就是不恰当地利用会计政策选择以达到操纵利润、盈余管理等目的。其中,公司治理不完善是其会计政策选择不规范的原因之一。根据南开大学公司治理研究中心公布的"中国上市公司治理指数",其分别以 931 家、1149 家、1282 家、1249 家的上市公司作为有效样本,样本来源于截至 2006 年 4 月 30 日公布的公开信息。数据表明,2004 年至 2006 年的 3 年间,中国上市公司治理指数平均值分别为 55.02、55.33、56.08,连续 3 年中国上市公司治理整体水平呈现上升趋势。2006 年中国上市公司样本公司治理指数最大值为 75.94,最小值为 39.55。公司治理水平前 100 家上市公司的财务状况、企业业绩和企业价值指标的表现总体上好于样本中的其他上市公司,其会计政策选择也较为规范。从公司治理角度探讨会计政策选择的文献并不多,比较有代表性的是:李姝(2003)认为会计系统是在一定的公司治理结构下运行的,必然要受到所在公司治理结构的影响。王跃堂(2000)通过实证研究认为影响会计政策选择的三大因素是证券市场的监管政策、公司治理结构、公司经营水平以及注册会计师的审计意见。可见,学者们认为公司治理是影响会计政策选择的因素之一。公司治理包括内部治理结构和外部治理机制,公司治理绩效的改善更多依赖内部治理结构的完善,而外部治理机制缺乏及时性,是一种事后制度。因此,本书主要从公司内部治理角度研究企业会计政策选择,旨在丰富会计政策选择及公司治理理论,完善公司治理结构,提高会计政策选择的效率性,使之真实反映企业的财务状况,满足信息使用者的需求。

## 1.2 文献回顾及评析

### 1.2.1 国外会计政策选择研究现状

从20世纪五六十年代起,会计学家赫普霍恩以及戈登等人进行的实证研究表明,企业管理当局追求的目标并非会计报表利润的最大化,而是使前后各期收益均衡化,即管理当局往往通过会计政策选择来平滑收益,这与早期的企业理论相悖。戈登于1964年提出并验证了收益均衡化假设:一是管理当局选择行动的准则是提高他们的福利。二是管理当局的福利随职务升迁、个人收入和公司规模的增长而提高。三是管理当局的职务升迁、个人收入以及公司规模部分取决于股东的满意程度。四是股东的满意程度取决于所报告利润的增长率是否高和稳定。五是管理当局将会以确保会计报表利润增长率既高又稳定的方法来采取行动。

瓦茨、齐默尔曼教授于1986年出版了《实证会计理论》,从此出现了实证会计学派。他们对会计政策选择的经济动机总结出三大著名假设:一是分红计划假设。若其他条件不变,对管理者实施分红计划的企业,其管理者更有可能把会计报告利润由未来期间提前至本期确认。二是债务契约假设。如果其他条件不变,企业的负债权益率越高,经理人员便越有可能选择将报告盈利从以后期间提前至本期的会计政策。即企业越是与特定的、基于会计报告数据的限制性契约条款紧密相关,经理人员便越有可能选择可增加本期会计利润的会计政策。三是政治成本假设。如果其他条件不变,规模越大的企业,其管理人员就越有可能选择那些将本期会计利润递延到下期的会计政策。实证会计学派认为,企业管理当局的会计政策选择过程是一个非常复杂的过程,并非一般地追求会计收益均衡化,而是受簿记成本、契约成本、政治成本以及政府管制成本等因素的影响。由于各相关利益集团都从自身利益出发参与会计政策的选择,因此,管理当局往往通过借助形式多样的会计政策选择与博弈来实现对自己有利的经济后果。

切瑞斯特和齐默尔曼(1994)发表了《会计程序的效率型和机会主义型:公司控制权竞争》一文。他们认为会计政策选择有两种类型:效率型和机会主义型,并对效率型和机会主义型进行了界定。从一般意义上说,能够客观公正地反映经济现实的会计政策,是效率型会计政策选择,反之,是机会主义型会计政策选择。鲍尔(1989),霍特豪森(1990),瓦特和齐默尔曼(1990)等认为不同公司间会计程序的多样性可能是由于契约效率而非管理者的机会主义。管理当局会选择会计方法来使代理成本最小化,从而使公司的价值最大化。

会计学家 Beaver 的《财务呈报会计革命》(1998)一书是系统阐

述信息观的权威专著。依据信息经济学的观点认为信息不对称也在企业中存在,会计政策选择作为一种信息用来揭示经理对企业未来现金流量的预期,与契约观不同,它并不直接影响现金流量。

### 1.2.2 国内会计政策选择研究现状

(1)会计政策选择的含义

黄菊波、杨晓舟(1995)首次将会计政策按其制定主体分为宏观会计政策和微观会计政策,从而将会计政策选择也分为两个层次,即宏观会计政策选择和微观会计政策选择。曲晓辉(1999)、娄权(2000)认为会计政策一般指微观会计政策。江金锁(2006)认为会计政策选择包括制定层面的会计政策选择和执行层面的会计政策选择。

(2)会计政策选择的目标

刘绍军(1999)认为微观会计政策选择的基本目标是效率,社会资源的有效配制就是效率,并将效率分为选择行为效率和选择结果效率。杨成文(2005)认为会计政策选择的目标不等于会计目标,宏观会计政策选择的目标是会计目标。宏观会计政策选择的目标应当是基于资源优化配置的以决策有用的真实收益为核心的目标体系,微观会计政策选择的目标为企业价值最大化。

(3)会计政策选择的原则

曲晓辉(1999)认为会计政策选择的原则为:从企业总体目标出发;以公允反映为准绳;以法规制度为限制。潘煜双(2004)认为会计政策选择的原则为合法性的限制、合理性的约束、可比性的要求、谨慎性的导向。

(4)会计政策选择的原因

黄菊波、杨小舟(1995)认为会计政策选择是会计系统的模糊性所致。邬保明(1997)认为,会计政策在形式上表现为会计过程的一组技术规范,本质上是一种经济利益的博弈规则和利益分享的制度安排。为了满足各方面的利益要求,永远不可能把会计制度的规定详细到只有一种选择。汤云为、陆建桥(1998)认为会计政策选择的原因实际上是会计准则的统一性与灵活性的关系问题。唐松华(2000)认为会计政策选择的客观必然性是:企业治理结构、会计准则的不完全性、会计信息市场的不完全竞争。冯敏红(2003)认为会计政策的选择动机有:契约动机、资产定价动机、影响外部第三者动机。徐维兰(2004)认为会计政策选择的原因包括客观原因和主观原因。会计政策选择的客观原因是:利益的共享性、企业的独特性、会计政策选择的法规依据。会计政策选择的主观原因包括:会计的模糊性、会计的不确定性等。刘哲明(2004)认为宏观会计政策选择的原因是社会经济发展到一定阶段的产物,而股份公司这种企业组织形式的出现和资本市场的完善要求是会计政策选择产生的直接驱动力。微观会计政策选择的原因为:会计准则的不完备及企业管理当局的信息优势与自利性。杨昀(2005)认为会计政策选择的动机有:政治成本的激励、"壳资源"契约的驱使、"配股生命线"契约的需求。会计政策选择的动机随着社会环境和经济环境的变化而变化。

(5)影响会计政策选择的因素

陆建桥(1999)对中国亏损上市公司盈余管理进行了实证研

究。得出结论:营运资金项目,尤其是应收应付项目、存货项目等有可能是上市公司最主要的盈余管理工具,政府的管制政策会影响企业会计政策的选择。唐松华(2000)认为公司治理结构、会计准则的不完善、会计信息市场的不完全竞争,为管理当局会计政策选择提供了可乘之机。王跃堂(2000)以沪深股市的 A 股公司为样本,以短期投资减值准备、存货计提减值准备以及长期投资减值准备的会计政策为例,对我国上市公司会计政策选择的经济动机进行了实证研究。结果表明决定上市公司会计政策选择的因素不是西方的三大假设,而是证券市场的监管政策、公司治理结构、公司经营水平以及注册会计师的审计意见。孙铮(2000)以中国 20 家上市公司为例,验证了政府管制对会计政策选择程序的影响,得出结论:中国利用会计数据制定的上市公司法律条款确实会诱发经理人员选择可提高会计收益的会计政策。经理人员选择那些既可提高会计收益,又不会增加现金流出的会计政策以降低会计政策变更的成本。唐松华(2000)认为企业进行会计政策选择时应考虑的因素有:与股东的合约、与债权人的合约、与政府的合约、与供应商及客户的合约等。新夫,陈纪南,徐青(2004)以上市公司净资产收益率为研究对象,提出了影响我国上市公司会计政策选择的两大经济动机:"壳资源"假设和"配股生命线"假设。颜敏(2006)认为上市公司会计政策选择受到多种因素的影响,但证券市场监管是主导因素,强制性会计变更也会影响企业的会计政策选择。

### 1.2.3　从公司治理角度探讨会计政策选择文献回顾

（1）公司治理与会计政策选择的关系

有些学者认为公司治理是会计政策选择的内在原因。李端生、朱力（1996）认为：会计政策选择在形式上表现为会计过程的一种技术规范，但会计政策的选择绝不是一个单纯的会计问题，它是与企业的各利益集团处理经济关系、协调经济矛盾、分配经济利益的一项重要措施。李姝（2003）认为：会计政策选择就其实质而言是一种经济和政治利益的博弈规则和缺席安排，会计准则的制定过程和企业会计政策的选择过程是会计报告的编制者与相关经济利益集团博弈均衡的结果。邓倩（2005）的观点：按照经济博弈理论的观点，企业作为会计信息的生产者和提供者，与政府、投资者、债权人、供应商、顾客及员工等相关利益主体构成博弈的一方和多方，出于利益和需求的动机，各方均可选择对自己有利的策略并付诸实施。汤玲（2006）的观点：现代契约理论认为企业是"一组契约的联结"，在这一结合体中与企业有切身利益的股东、债权人、经理人、企业职工等客观上都是企业的缔约者，都以不同的形式参与到企业这个契约网络中，希望从中得到经济的和非经济的利益。但企业的资源是有限的，会计有助于协调与分配其利益。会计政策选择与其说是会计过程的一种技术规范，不如说是会计信息披露者与相关利益集团博弈均衡的结果。刘泉军（2006）认为公司治理结构是产生会计政策选择的内在原因。公司内部和外部治理结构是影响会计政策选择的重要因素。企业管理当局为了平衡各方利益并从中获取自己的利益，就有进行会计政策选择的动机,即各投资者的投资目标→委托代理关系的产生→企业管理当局的行为目标→企业会计目标→企业会计政策。

有些学者认为公司治理在很大程度上影响会计政策选择。李姝(2003)的观点:会计系统是在一定的治理结构下运行的,必然要受到所在公司治理结构的影响。也就是说,财务会计与公司治理结构之间是系统与环境的关系,公司治理结构这一制度在很大程度上会影响企业会计政策的选择,公司治理还会影响到信息披露的要求和内容,从而影响财务会计信息的质量。同时,会计系统作用的发挥亦离不开科学、严密的企业组织管理和公司治理对它的引导和控制。彭源波(2004)论述了公司治理结构与会计政策选择的关系。他认为公司治理结构在很大程度上会影响会计政策的选择,也会影响会计信息披露的内容和方式,由于代理问题的存在,不同的利益相关者会围绕会计政策选择进行博弈。潘煜双(2004)认为合理的公司治理结构能够通过产权制度协调会计政策选择的相关利益。汤健(2005)认为公司治理中各相关利益主体——政府、所有者、债权人、员工、企业管理当局对会计政策选择产生不同的影响。

(2)不同公司治理模式下会计政策选择的特点

龙志伟(2002)认为不同公司治理模式下会计信息披露的目标、内容、渠道不同。李姝(2003)的观点:不同的公司治理模式下会计政策选择有不同的特点。在英美公司治理模式中,公司外部的利益相关者特别强调会计信息的公开披露,强调财务报告的决策有用性,经营人员难以通过直接操纵利润获得高薪,财务报告凸显其决策作用。在德日公司治理模式下,公司治理尤其是外部治理对财务报告的依赖较少,会计的独立性较低,每年的利润数额是各方利益整合的结果。其降低了财务报告的决策有用性,使得公司外部的股东无法利用财务报告进行公司治理,抑制了资本市场在公司治理中的作用。边敏涛(2003)认为:外部治理模式由于市场并非完全有效、激励有余而约束不足等问题不能避免会计政策选择的机会主义。刘泉军(2006)认为:外部监控式公司治理模式下的会计政策选择注重公司的短期收益,内部监控式公司治理模式下的会计政策选择主要受银行的制约,倾向于增加收益、增加资产,减少负债。汤玲(2006)认为:美国模式强调"市场监控"的作用,同时注重投资者的利益,在会计政策选择上存在"以市场和投资者利益为导向"的倾向。日本模式下的会计政策选择体现了公司的长远价值和社会收益,然而会计的第三个目的——外部利益相关者对会计信息的需求不受重视,由于会计信息的公开程度不高,由此产生的会计政策选择的中立性受到破坏。

### 1.2.4　文献评析

综上所述,会计政策选择研究的理论基础将不断扩展,从契约理论到利益相关者理论等。研究的视野将越来越开阔,不拘泥于会计领域,而是扩展到经济领域、政治领域等。研究的角度多样化,可从宏观来研究,也可从微观来分析。企业会计政策选择的目标趋向于满足众多利益相关方利益的需要;企业会计政策选择的效果将越来越注重整体优化[1],会计政策选择应以企业总体目标为

---

[1]　潘煜双:《企业会计政策选择的公允性——现状·选择原则·影响因素》,《会计研究》,2004年第10期。

出发点和取舍线;企业会计政策选择的规范和监管力度将不断加强;企业会计政策选择的揭示程度将越来越规范。

　　会计政策选择还需进一步研究,会计研究的对象以及这些对象所处的政治、经济、法律、文化和证券市场环境不同,并且这些外部的环境是处于不断的发展变化之中的。从公司治理角度探讨会计政策选择的文献并不多,但是学者们普遍认为会计政策选择是公司治理中各相关利益方博弈均衡的结果,公司治理是影响会计政策选择的一个重要因素。有必要深入研究公司治理与会计政策选择的关系,从而改善公司治理结构,提高会计政策选择的效率性。

# 1.3　研究方法

　　规范研究和实证研究无法截然分开,它们都是在会计理论研究过程中所采用的不同基本方法的组合,只是前者突出的是归纳或演绎,后者突出的是数学方法,两者研究的成果都要回到会计实践中去应用与检验。规范研究方法和实证研究方法适用不同的领域,各有优缺点。

　　本书采用规范研究、案例分析相结合的研究方法,以经济学及会计学理论为基础,并以图表等为研究工具,从公司治理角度对会计政策选择进行定性及定量分析。

# 1.4 研究思路及逻辑结构

本书首先对会计政策选择及公司治理的相关文献进行分析，然后以会计政策选择及公司治理的基本理论为出发点，研究公司治理与会计政策选择的关系，并结合新会计准则从公司治理角度对 TCL 集团合并会计方法的选择进行案例分析，最后得出结论：完善公司治理结构，实现会计政策选择的公允。

本书逻辑结构：

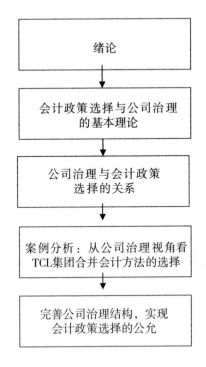

# 2. 会计政策选择与公司治理的基本理论

## 2.1 会计政策选择与公司治理的理论基础

### 2.1.1 利益相关者理论的提出

"利益相关者"这一概念最早于 20 世纪 60 年代提出,围绕企业利益相关者包括哪些主体,经济学家对利益相关者的界定可分为三类,第一类认为凡是影响企业活动或被企业活动所影响的人或团体都是利益相关者。如股东、债权人、雇员、供应商、消费者、政府部门、相关的社会组织和社会团体、周边的社会成员等。第二类定义稍窄些,即与企业有直接关系的人或团体才是利益相关者,该定义排除了政府部门、社会组织及社会团体、社会成员等。第三类定义最窄,即只有在企业中下了"赌注"的人或团体才是利益相关者。① 本书主要研究"最宽泛的利益相关者"对会计政策选择的影响。

### 2.1.2 利益相关者理论与公司治理

利益相关者理论是在委托代理理论之后在公司治理领域有较大影响力的理论。利益相关者理论的基本观点:公司是由不同的要素提供者组成的系统,他们提供的要素有许多是公司的专用资产(如专用性人力资本),这些要素提供者是公司的利益相关者,公司经营的目的是利益相关者利益最大化,而不仅仅是为股东利益最大化服务。因此利益相关者都应分享公司所有权,并拥有明确的公司控制权和收益权。

利益相关者理论的核心是通过企业内的制度安排来确保每个利益相关者具有平等参与企业所有权分配的机会,同时又依靠互相监督机制来制衡其他利益相关者的行为。通过适当的投票机制和利益约束机制来稳定利益相关者之间的合作,并达到利益各方的行为统一于企业的适应能力提高这一共同目标之上。

根据利益相关者理论,公司治理需要考虑利益相关者的利益,原因为:

第一,利益相关者分担了公司的剩余风险。由于市场机制并非万能,还存在着外部性、垄断、公用品、信息不完全等市场失灵现

---

① 杨瑞龙、周业安:《企业的利益相关者理论及其应用》,经济科学出版社 2000 年版,第 131 页。

象;股东也不是承担了企业经营的全部风险,"有限责任"和合约的不完备性决定了股东已经将一部分剩余风险转嫁给了债权人等公司的利益相关者,职工、供应商等很可能因为其专用性的投资而承担了很大的风险,同时股东完全可以通过投资组合的方式将自身风险降到最小,他们比其他利益相关者拥有更多的"退出"选择。因此,只强调股东的利益而忽视其他利益相关者的利益就是不合时宜的了。

第二,传统企业边界的模糊,企业发展的基础为企业内外部资源者的信任、合作。技术创新的持续发展,改变了市场交易的组织形式,企业外部网络化组织成为界于企业科层组织和市场之外的一种新的资源配置方式。伴随着这种企业内外部资源的整合,必然结果就是传统企业边界的模糊,企业内外部资源者的信任、合作共同构筑了企业发展的基础。在这种情况下,片面强调企业内部股东、职工的利益,而忽视了外部债权人、供应商、客户的利益,不但不利于企业的发展壮大,也违背了市场公平的原则。

第三,公司具有社会责任。公司不仅仅是一个追求利益最大化的商事主体,而是社会经济运行的基本"细胞",除了股东之外,公司还与其他利益相关者编织着一张利益关系的网,他们虽然有不同的利益追求,但在社会进步、经济发展、环境保护等方面有着共同的利益和要求,共同推动了公司长期繁荣和发展。公司如果仅仅保护股东利益,而忽视了对其他利益相关者的适度保护,不仅不合乎社会利益,也是对社会生产力的极大破坏。因此,公司应该注意保护利益相关者的利益,重视其社会责任。

委托代理理论是建立在非对称信息基础之上的,而现代企业的非对称信息不仅存在于传统委托代理理论所指的所有者与管理者之间,也存在于利益相关者之间。[①] 利益相关者理论的提出,使得公司治理不再局限于所有者和经营者的委托代理关系,而成为协调公司内部管理、内部利益相关人、外部利益相关人以及其他利益集团关系的系统工程,拓宽了公司治理的范畴,推动了公司治理理念的变革。

### 2.1.3　利益相关者理论与会计政策选择

根据利益相关者理论,对于一个企业来说,能否获得长期的生存和繁荣的最好途径是考虑其所有重要的利益相关者并满足他们的需求。因此企业在设定自己的绩效目标时,应该考虑到那些对自己来说十分重要的不同利益相关群体的需要。由于市场主体所面临的复杂环境是任何具有有限理性的利益相关者所不能完全认知的,各个利益相关者只能就一般的会计规范,即通用的会计准则经过博弈做出市场规范,而将剩余的特殊具体会计政策留给企业来选择。由于这些权利是契约条款遗漏或未加规定的,相对于契约条款已经列明或者已经做出规定的控制权,它们就成了剩余控制权。公司治理的主体是企业利益相关者,会计政策选择是公司治理的对象,它以剩余控制权的形式存在。不同的会计政策选择将影响利益相关者的利益,同时公司治理中的利益相关者也对会计政策选择产生影响。

利益相关者理论下的会计政策选择的目标是利益相关者利益

---

① 石劲磊:《公司治理:理论、模式与中国上市公司的实践》,博士论文,2003 年。

最大化。既包括一般意义上的企业价值最大化,又包含社会价值最大化,体现出商业和社会两种价值,能够兼顾利益相关各方的利益。根据利益相关者理论,会计政策选择权属于利益相关者,会计政策选择受到内外两种约束机制的制约。内在约束机制为公司治理结构,外在约束机制为利益相关者利益委员会,受聘于保险公司的注册会计师等外部力量。利益相关者理论下的剩余索取权属于利益相关者,会计政策选择作为剩余控制权为利益相关者所控制。价值分配主体为股东、经理人员、债权人、员工、政府、消费者、供应商等利益相关者。

## 2.2 会计政策选择的基本理论

### 2.2.1 会计政策选择的含义

(1)会计政策的含义

国际会计准则 1997 第 01 号《国际会计准则——财务报表列报》将会计政策定义为:企业在编制财务报表时采用的特定原则、基础、惯例、规则和程序。

美国《会计原则委员会意见书第 22 号——会计政策的披露》将会计政策定义为:被报告主体的管理当局认为,在当前最能恰当表述公司的财务状况、经营成果及现金流量,从而被遵循的会计原则以及运用这些原则的方法。

英国会计准则委员会(ASC)发布的第 2 号标准会计实务公告(SSAP2)将会计政策解释为:企业选定并一贯遵循的特定的会计基础。

我国财政部〔2006〕发布的《企业会计准则——会计政策、会计估计变更和会计差错更正》将会计政策定义为:企业在会计确认、计量和报告中所采用的原则、基础和会计处理方法。

笔者认为,就制定主体和适用范围而言,会计政策分为宏观会计政策和微观会计政策。宏观会计政策指政府或有权制定会计准则的机构通过制定和发布会计准则或会计制度,对企业会计核算和会计报表编制的原则、程序和方法所做的规范。宏观会计政策的核心是会计准则。微观会计政策是指在宏观会计政策的指导和约束下,企业根据本单位的实际情况,经过成本与效益的权衡后选择的最能恰当地反映其财务状况、经营成果、现金流量的会计原则、程序、方法。微观会计政策即企业会计政策。

可见,我国对会计政策的定义与国际会计准则对会计政策的定义有些相似,属于微观的会计政策。微观会计政策的选择贯穿企业从会计确认到计量、记录、报告诸环节构成的整个会计过程。会计过程其实就是会计政策的选择过程,从这个意义上讲,企业会计政策在形式上表现为企业会计过程的一种技术规范,但其本质上却是政治、经济利益的博弈和制度安排。

(2)会计政策选择的含义

从会计政策的定义可以看出,会计政策分为宏观会计政策和微观会计政策两个层次,因此,笔者认为会计政策选择可分为宏观会计政策选择和微观会计政策选择。

宏观会计政策选择是指政府或特定机构,对企业会计核算和会计报表编制的原则、程序和方法进行比较、分析、权衡,进而制定出会计准则的过程。由于宏观会计政策的核心是会计准则和会计制度,因此宏观会计政策选择与会计准则、会计制度制定是同一内涵。

微观会计政策选择指在宏观会计政策的约束下,会计政策选择主体根据本企业实际情况和特点,对可供选用的会计原则、方法、程序进行分析、比较、权衡,进而拟订会计政策的过程。本书主要研究微观会计政策选择即企业会计政策选择。

(3)会计政策选择与盈余管理的区别

国外关于盈余管理的代表性的定义:

一是盈余管理是"企业管理当局为了获取某些私人利益(而非仅仅为了中立地处理经营活动),有目的地干预对外财务报告过程的'披露管理'"(Shipper,1989)。① Shipper 明确了盈余管理的目的,即为了获得私人利益,其出发点在局部利益、部分利益或某些人的利益,它无疑会损害公众利益。

二是盈余管理是"企业管理当局运用职业判断编制财务报告和通过规划交易以变更财务报告时,旨在误导那些以公司的经济业绩为基础的利益关系人的决策或影响那些以报告数字为基础的契约的结果"(Healy、Whalen,1999)。② Healy 和 Whalen 的定义虽

---

① Shipper,Commentary on earnings management,*Accounting Horizons*,1989.
② Healy、Whalen,*A review of the earnings management literature and its implication for standard Setting*,1999.

然较为全面,但是盈余管理误导的对象不仅是股东,还有其他的利益相关者,如债权人、监管机构等。且此盈余管理的定义与财务舞弊有些相似。

三是盈余管理是"在 GPPA 许可的范围内,通过会计政策选择使经营者自身利益或(和)公司市场价值最大化的行为"(Scott,2000)。① 可见,Scott 的定义是一种有效契约论(Efficient Contracting Perspective)的观点,即认为企业管理人员通过盈余管理行为可以灵活面对契约的不完全性和刚性,降低契约成本,提高企业价值,所以盈余管理行为具有正面作用。

国内对盈余管理的定义也存在分歧,魏明海(2000)提出"盈余管理是企业管理当局为了误导其他会计信息使用者对企业经营业绩的理解或影响那些基于会计数据的契约的结果,在编报财务报告和'构造'交易事项以改变财务报告时做出判断和会计选择的过程"。② 可以看出,魏明海同时从经济收益观(Economic Income Perspective)和信息观(Information Perspective)两个角度来看待盈余管理。

陆建桥(2002)将盈余管理定义为"企业管理人员在会计准则允许的范围内,为了实现自身效用的最大化和(或)企业价值的最大化做出的会计选择"。③

由上述定义可知,目前国际国内对盈余管理的定义存在分歧,表现为:盈余管理是否是在会计准则允许的范围内进行的;盈余管

---

① William. K. Scott, *Financial Accounting Theory*, Prentice Hall, 2000.
② 魏明海:《盈余管理的基本理论及其研究评述》,《会计研究》,2000 年第 9 期。
③ 陆建桥:《中国亏损上市公司盈余管理实证研究》,中国财政经济出版社 2002 年版。

理的手段是否包括非会计方法。本书采用郝煜对盈余管理的定义,即企业管理层在不违反会计准则的前提下,通过会计政策选择等多种手段对会计规范加以最大限度地利用,以影响会计信息使用者对企业经营业绩的理解及其决策,从而实现自身利益或企业市场价值最大化的行为。[①]

本书研究的是会计政策选择,而非盈余管理。本书认为盈余管理和会计政策选择都是中性的概念,但是根据盈余管理的定义,会计政策选择与盈余管理是有区别的,具体为:一是会计政策选择只是盈余管理的一种方法,而盈余管理除了会计方法外,还可以是非会计方法,如安排交易发生及交易方式等,这显然超出了会计政策选择的范围;会计政策选择是不涉及交易的构建的,因此一般没有实际的现金流动。二是盈余管理主要针对利润表中的盈余数字,而会计政策选择不一定以盈余为目的。例如上市公司财务报告时机的选择,盈利的上市公司往往会较早披露财务报告,而亏损的公司往往推迟报告的披露。在这种会计政策选择中,并不是以盈余为目的。

### 2.2.2 会计政策选择的类型

根据会计政策选择所带来的两种不同效应,我们可以将会计政策选择分为机会主义型会计政策选择和效率型会计政策选择。[②]

---

① 郝煜:《我国上市公司治理结构与盈余管理研究》,对外经济贸易大学优秀硕士论文,2006年。

② 切瑞斯特、齐默尔曼:《会计程序的效率型和机会主义型:公司控制权竞争》,1994年。

效率型会计政策选择是指由于企业契约机制的相对完备为经理人员提供了足够的激励,此时的经理人员选择的会计政策在最大化经理人员利益的同时实现了企业所有者利益最大化(即契约成本最小化)。会计政策选择能起到降低订约成本的作用,从而使企业的经营更富有效率。

效率型会计政策选择的特点:基于企业内部控制系统假设及有效契约观,激励经营者选择契约成本最小化的会计政策,通过各种会计政策选择以谋求企业价值最大化。

机会主义型会计政策选择是指由于企业契约机制的不完备,一个理性的经理人员利用其拥有的信息优势,所选择的会计政策在最大化经理人员的个人利益的同时损害了企业所有者利益。会计政策选择有利于经理采取机会主义行为以实现自身效用最大化目的。

机会主义型会计政策选择的特点:机会主义型会计政策选择基于机会主义观,其谋求一部分人的私人利益,而非整个企业的价值。机会主义型会计政策选择与企业财务目标与会计目标相背离。

可见,效率型会计政策选择对企业及宏观经济的发展是有利的,机会主义型会计政策选择是应该防范和规避的。但效率型会计政策选择的存在是要以一个良好的经济环境、一系列完善的监督、约束机制为依托的。充分竞争的经理市场、有效率的资本市场、激励兼容的经理报酬计划、有效运作的接管市场以及完善的法律体系等一系列有效率的制度安排范式是效率型会计政策选择存在的前提。而我国公司目前的外部与内部监督、约束机制还不完善,易导致公司偏向机会主义型会计政策选择。机会主义型的会计政策选择不符合公平和效率原则。应从以下两个方面加以治理:从长期看,依靠企业内外一系列的契约和制度安排;从短期来看,应缩小会计政策选择的范围。

### 2.2.3 会计政策选择的原因

(1)会计政策选择的客观原因

①会计准则的不完备

企业的会计政策受会计准则的约束,但会计准则作为一种合约,它的制定不再是纯技术性的,是一种不完全的合约。这就为企业进行会计政策选择提供了可能。合约的不完全性根植于环境的不确定性、人的有限理性和交易成本高昂。另外,信息不对称以及机会主义的存在,也使得订立一份完备契约变得不可能。

会计准则制定是一个公共选择过程,在最终的会计准则出台之前,可能存在着若干备选方案。如果会计准则的某个备选方案对某一个利益集团的影响是有利的,那么这个集团必然会支持这种会计处理方法;反之,如果某种方法对利益集团的影响是不利的,那么他们就会反对该方案。任何一个会计准则的出台,都是各利益集团之间相互博弈的结果。而准则制定机构本身也是这一博弈活动的主要参与者,其效用主要表现在准则制定上的垄断性与权威性。因此,准则制定机构也为了自己效用函数的最大化,为了在利益相关方之间求得平衡(缓解各方对准则制定机构的抵制力,以保证各方都能接受博弈的结果)和使交易费用(包括准则的制定费用、执行费用和摩擦成本)最小化,就必须以放宽准则中对一些经济业务的会计处理的选择空间为代价,即赋予企业一定的会计政策选择权。

②会计准则与会计实践之间存在着一定的时滞

会计准则作为利益相关者重复博弈的结果,表明了会计准则在博弈过程中只是暂时达到均衡。一旦新技术、新业务出现,而现有准则又未能涵盖,则又会引起新一轮的制定者、执行者以及监督者之间的博弈,其结果又会达到新的纳什均衡。会计准则的规定有时会落后于会计实践的发展和经济行为的创新,因而在实践中常会出现企业的会计处理"无法可依"的现象,这也为会计政策选择提供了空间。

③经济业务的复杂性

企业经营环境和生产特点千差万别,对所有事项都制定规则的会计系统成本过高以及会计准则制定者的有限理性,因此,会计准则的制定不可能事无巨细。会计准则的制定是在统一性的前提下兼顾灵活性,从而使企业具有会计政策选择的权利。会计环境的变化要求企业的财会人员探索和选择适宜的会计政策,以保证会计信息质量的真实与公允。会计信息有两方面的用途:在企业内部要用这些信息作为企业经营和筹资决策的依据;在企业外部,要用这些信息做出信贷和投资决策,还要利用这些信息进行课税征收、证券管理等。在市场经济条件下,企业面对的是充满风险、瞬息万变的竞争性经营环境,它要求会计信息系统具有高度的灵敏性和适应性,要能根据变化了的新情况和经营过程中层出不穷的新问题灵活自主地进行核算和反映,即使面对同一会计项目,由于经营方式、理财策略的不同,也会有不同的会计处理方法。为恰当表述公司的财务状况、经营成果和现金流量,企业有必要在会计准则约束范围内选用与本企业适应的会计政策。

(2)会计政策选择的主观原因

①机会主义型会计政策选择的主观原因:企业管理当局的自利行为

在现代企业中,由于企业所有权和经营权的分离,企业管理当局在事实上拥有了会计政策选择权。而企业管理当局的利益与其他利益相关方的利益不一致,自利的管理当局具有机会主义行为动机,会选择能使其报酬现值最大化的会计政策,以高估或提前确认资产与收益的会计方法,来满足债务契约的约定。同时,由于信息不对称,拥有信息优势的管理当局在将信息传递给外部各方时,会通过会计政策选择带来更高的会计盈余,影响资产的价格,从而有助于提高他们的报酬、声誉等。具体表现为:一是追求高报酬。企业的管理当局,甚至是一般的职员,其报酬的高低往往与企业的经营绩效有关,而企业经营业绩的考核与利润指标、销售收入、资产周转率有关。为了获得更高的报酬,企业有动力利用会计政策调节财务指标。二是追求大市场。一个企业所在的市场越大,就有更多的机会筹资、投资和获利,而目前最大的市场就是股票市场,上市成了众多企业追求的目标。企业为了达到目的,就利用会计政策的变动改变自己的经营数据,从而出现了重亏、微利现象。

②效率型会计政策选择的主观原因:平衡公司治理中各利益相关方的利益

根据利益相关者理论,公司治理的主体是企业利益相关者,会计政策选择是公司治理的对象,它以剩余控制权的形式存在,不同的会计政策选择将影响利益相关者的利益。布莱尔认为:"公司并非简单的实物资产的集合,而是一种法律框架结构,其作用在于治理所有在企业财富创造活动中做出特殊投资的主体间的相互关系。当然,其中包括股东,并且,权益资本是总体投资人组合中极为重要的构成部分之一。但投入并不限于股东,供应者、债权人、顾客、雇员都做出了特殊投资。"企业财务会计应向这些利益相关方,包括现有的股东、潜在的股东、债权人、供应商、顾客等披露信息。而这些利益相关方的利益往往不完全一致,于是企业管理当局为了平衡各方利益并从中获取自己的利益,就需要进行会计政策选择。一方面,各个利益相关者需要对其投入的资源进行计量,不同资源的计量难易程度不同,计量的规则也是多种多样,选择不同的计量规则必然对企业不同利益主体的利益产生不同影响。另一方面,各个利益相关者绝对财富和相对财富的增长,其根本途径就在于从企业中获取的报酬,而企业到底实现了多少收益以及各利益主体又能得到多少收益,都需要依靠会计对企业收益进行计量。收益的核算规则多种多样,如收付实现制和权责发生制的不同运用、谨慎性原则运用的不同程度和范围等,都将影响企业当期和未来收益的确定,从而直接影响各个利益主体的利益。

图 2 - 1　利益相关者对企业的贡献及收益①

| 主体类型 | 贡献 | 收益 |
|---|---|---|
| 股东 | 权益资本 | 股利、剩余价值 |
| 债权人 | 借贷资本 | 利息、本金 |
| 管理者 | 技能 | 工资、奖金、福利 |
| 职工 | 技能 | 工资、奖金、福利 |
| 供应商 | 物品、劳务 | 现金 |
| 顾客 | 现金 | 物品、劳务 |
| 政府 | 公共物品 | 税收 |

### 2.2.4　会计政策选择的内容

明确会计政策选择的内容是探讨会计政策选择的前提,会计政策选择的内容主要有以下几个方面。

(1)资产计量基础

包括公允价值、历史成本、重置成本、可变现净值、现值。新会计准则主要在金融工具、投资性房地产、非共同控制下的企业合并、债务重组和非货币性交易等方面采用了公允价值。但固定资产、已探明矿区权益的石油天然气等均没有采用公允价值。

(2)存货计价方法

包括先进先出、加权平均、个别计价法。上市公司可利用存货计价方法的变更调节利润,从而操纵会计信息。

---

① 温琳:《基于利益相关者理论的会计政策选择》,中国海洋大学优秀硕士论文,2006年。

（3）长期股权投资

投资企业对被投资单位具有共同控制或重大影响（持股比例20%—50%）的长期股权投资,采用权益法核算,其他情况用成本法。初始投资成本按不同方式确定,股权投资差额按不同方式处理。

（4）投资性房地产

投资性房地产的后续计量模式有成本模式、公允价值计量模式。采用公允价值计量模式必须满足一定的条件:投资性房地产所在地有活跃的房地产交易市场;企业能够从房地产交易市场上取得同类或类似房地产的市场价格及其他相关信息,从而对投资性房地产的公允价值做出合理的估计。

（5）固定资产折旧

固定资产折旧方法的选择,使用寿命、预计净残值的估计。固定资产折旧方法有年限平均法、工作量法、双倍余额递减法、年数总和法。2006年新会计准则规定固定资产折旧方法变更不再追溯调整。固定资产折旧方法从加速折旧法改为直线法以及延长固定资产折旧年限（或降低折旧率）等,都会导致当期折旧费用减少,相应减少当期成本费用,从而增加当期账面利润,高估资产价值。同时,由于降低折旧率不会增加所得税,所以成为上市公司操纵利润的重要手段。

（6）无形资产摊销

无形资产摊销方法和摊销年限的选择。根据无形资产使用寿命是否能够确定分别采用不同的摊销方法。使用寿命有限的无形资产,其摊销金额在使用寿命内进行摊销,摊销方法包括直线法、生产总量法等;使用寿命不确定的无形资产,不进行摊销。

(7)无形资产研发费用的处理

将企业的研究与开发划分成两个阶段,研究费用计入当期损益,开发阶段的支出满足一定条件后予以资本化。

(8)非货币性资产交换

非货币性交易损益的处理方式:对于具有商业实质的非货币性资产交易,按换出资产的公允价值来计量换入资产的入账价值,同时确认资产处置损益和非货币交易损益;对于不具有商业实质的非货币性资产交易,按换出资产的账面价值来计量换入资产的入账价值,交易的双方均不确认损益。

(9)资产减值准备

新会计准则规定固定资产、在建工程、无形资产减值损失不得转回,但是应收账款、短期投资、长期投资、委托贷款等资产的减值准备计提后能够转回,这会给上市公司会计政策选择留下一定的空间。

(10)借款费用资本化范围

新借款费用会计准则规定,企业发生的借款费用,可直接归属于符合资本化条件的资产的购建或者生产的,应当予以资本化,计入相关资产成本。为购建或者生产符合资本化条件的资产而占用了专门借款之外的一般借款的,被占用的一般借款的利息支出允许资本化。根据新借款费用会计准则,上市公司可以在一般借款的利息支出和符合资本化条件的资产上进行会计政策选择。

(11)企业合并

新会计准则规定,同一控制下的企业合并以账面价值作为会计处理的基础,非同一控制下的企业合并(包括吸收合并和新设合并)可以采用公允价值。这里再次体现了对公允价值的谨慎使用。新会计准则还规定,同一控制下的企业购并采用权益结合法、非同一控制下的企业购并采用购买法。而国际上企业合并采用购买法。

表 2-2　会计政策选择的内容

| 项目 | 会计政策选择的内容 | 判断的标准 |
|---|---|---|
| 资产计量基础 | 公允价值、历史成本、重置成本、现值 | |
| 存货计价 | 先进先出、加权平均、个别计价法 | |
| 长期股权投资 | 成本法、权益法 | 是否具有共同控制或重大影响 |
| 投资性房地产 | 成本模式、公允价值模式 | 是否有活跃的房地产市场、能否对投资性房地产的公允价值做出合理的估计 |
| 固定资产折旧 | 年限平均法、工作量法、双倍余额递减法、年数总和法等方法的选择、预计净残值的估计 | |
| 无形资产摊销 | 摊销方法及摊销年限的选择 | |
| | 根据使用寿命能否确定采用不同的摊销方法 | |
| 无形资产研发费用的处理 | 研发费用的处理(研究费用计入当期损益,开发费用符合一定条件后可以资本化) | 开发费用是否满足一定条件 |

续表

| 项目 | 会计政策选择的内容 | 判断的标准 |
|------|------------------|-----------|
| 非货币性资产交换 | 非货币性交易损益的处理方式:换入资产入账价值的选择(公允价值、账面价值) | 是否具有商业实质 |
| 应收账款、短期投资、长期投资、委托贷款等资产的减值准备 | 计提及转回 | |
| 借款费用 | 资本化或费用化 | 是否符合资本化条件 |
| 企业合并 | 权益结合法、购买法 | 是否属于同一控制 |

## 2.3 公司治理的基本理论

### 2.3.1 公司治理的含义

公司治理这一概念最早出现在经济学文献中的时间是20世纪80年代初期。尽管公司治理这一术语已被广泛应用,但至今还未形成一个统一的定义。不同学者从公司治理的具体形式、制度构成、制度功能、公司内外治理机制等方面来解释公司治理的概念。其中有代表性的定义如下。

蒙克斯和米诺(1995)认为:公司治理结构是影响公司方向和业绩表现的各类参与者之间的关系。

我国学者吴敬琏(1994)认为:公司治理结构是由股东大会、董事会和高层管理人员组成的一种组织结构,三者之间构成一定的制衡关系。

钱颖一(1995)认为:在经济学家看来,公司治理结构是一套制度安排,用以支配若干在企业中有重大利害关系的团体(投资者、经理人员、职工)之间的关系,并从这种联盟中实现经济利益。

张维迎(1996)认为:狭义的公司治理结构是指有关董事会功能、结构、股东的权利等方面的制度安排;广义地讲,是指公司控制权和剩余索取权分配的一整套法律、文化和制度安排,这些安排决定公司的目标,谁在什么状态下实施控制、如何控制、风险和收益如何在不同企业成员之间分配这样一些问题。

归纳起来,对公司治理的界定有两种观点,即狭义的公司治理和广义的公司治理。狭义的公司治理是公司股东和公司高管人员之间的制度安排,解决因所有权和控制权相分离而产生的代理问题,它主要处理的是公司股东与公司高管人员之间的委托代理关系。公司治理的目标是保证股东利益的最大化,防止经营管理者对所有者利益的背离。广义的公司治理是关于企业组织方式、控制机制、利益分配等一系列法律、机构、文化和制度安排,它界定的不仅仅是企业与其所有者之间的关系,而且包括企业与其所有的利益相关者之间的关系,经理市场、产品市场、控制权市场以及有关的法律、法规和上市规则等。根据广义的公司治理,公司已不仅仅是股东的公司,而是一个利益共同体。公司的治理机制也不局限于以治理结构为基础的内部治理,而是利益相关者通过一系列内部、外部机制来实施共同治理,治理的目标是保证公司决策的科学性,从而保证公司各利益相关者的利益最大化。

本书认为公司治理是一个广义的概念,即公司治理是一套包括正式或非正式的公司内部或外部的制度或机制安排,其目的是协调公司与利益相关者之间的利益关系,以保证公司决策的科学化,从而最终维护股东与其他外部利益相关者的利益。公司治理的关键在于明确而合理地配置公司股东、董事会、经理人员和其他利益相关者之间的权力、责任和利益,从而形成其有效的制衡关系。

### 2.3.2　公司治理的内容

从内容上看,公司治理包括外部治理机制和内部治理结构。公司外部治理机制基于市场竞争理论,外部治理是以竞争为主线的外在制度安排,其治理载体是市场体系。公司的外部治理就是公司的出资者通过市场体系对经营者进行控制,以确保出资者收益的方式。公司的外部治理主要包括法律政治和管制制度、产品和投入要素市场、经理市场、资本市场和控制权市场。公司内部治理结构基于产权理论。本质上讲,内部治理的基本特征是以产权为主线的内在制度安排,其治理载体就是公司本身。

公司内部治理结构主要包括三个方面的内容:一是治理主体,即谁参与治理。根据利益相关者理论,公司治理主体是利益相关者,如股东、债权人、经营者、职工等。二是治理客体或治理对象。公司治理结构着重解决的是利益相关者之间的责权利关系,尤其是剩余索取权和控制权的分配。利益相关者组成企业的目的是获取一种单个人生产所无法做到的合作收益,对这部分收益的要求权,即剩余索取权构成了利益相关者相互之间的利益关系。但每个利益相关者对其他主体的行为判断又不是绝对准确的,因此,为确保合作关系的稳定,每个利益相关者必须有监督、约束对方的权利,必须分享资源配置的决策权,这些权利就是控制权。三是治理手段。对法人治理结构来说,要达到合理配置剩余索取权和控制权,必须具备一定的程序和机制,常见的有表决程序、利益分配程序、人事任免程序和股东大会、董事会、监事会和经理层等机构。一个完善有效的内部治理是由股东大会、董事会、监事会和经理层几个相互制衡的制度来实现的。股东大会是公司的最高权力机构,对公司的重大事项做出决议,其中重要的一项权利就是选择合格的董事会成员;董事会是公司的最高决策机构,董事会执行股东大会的决议,选择称职的经理人员;经理层是公司经营管理活动的指挥中心,监事会履行监控职责,其各自的人格化代表是股东、董事和总经理,监事。公司治理绩效的改善更多依赖内部治理结构的完善,而外部治理机制缺乏及时性,是一种事后制度。本书主要从公司内部治理的角度研究企业会计政策选择。

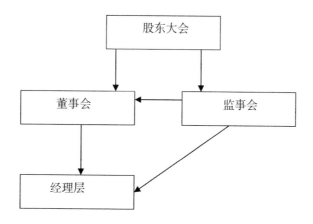

图 2 - 3  我国上市公司内部治理结构

### 2.3.3  公司治理的类型

（1）外部监控式公司治理模式

外部监控式公司治理又称为市场导向型公司治理,指外部市场在公司治理中以大型、流通型资本市场为基本特征,公司的大部分股票都在交易所上市。其存在的具体环境是发达的金融市场、股权分散的开放型公司、活跃的公司控制权市场。其最大特点是所有权较为分散,而现代公司中所有权和管理权的分离,使分散的股东不能有效地监控管理层的行为,即所谓"弱股东,强管理层"的现象,由此产生代理问题。这一问题主要依赖保持距离型融资和公司控制权市场,以及破产、法院等外部机制予以解决。这种模式的典型代表为英国、美国。

（2）内部监控式公司治理模式

内部监控式公司治理模式即公司股东主要通过一个能信赖的中介组织或股东当中有行使股东权力的人或组织，通常是一家银行来代其控制与监督公司经营者的行为，达到参与公司治理的目的，是一种主动或积极的模式。这种模式的公司治理是由债权人与代表股东利益的经营者之间的利益不一致和信息不对称所造成的，主要是解决利益相关者之间的利益协调问题。这种模式在日本、德国较为常见。

（3）家族监控式公司治理模式

家族监控式公司治理模式指公司所有权与经营权没有实现分离，公司与家族合一，公司主要控制权在家族成员中配置的一种治理模式。公司治理结构的核心为控股大股东经理层和广大中小股东之间的利益冲突。家族控制模式采用了"保持距离"和"控制导向"的混合融资形式，即一方面由小股东提供外部资金来源，另一方面又有一个较大的外部资金提供者在公司中拥有控制性利益或直接影响投资决策。这种模式在韩国、新加坡、马来西亚、泰国、菲律宾等国家较为普遍。

# 3. 公司治理与会计政策选择的关系

## 3.1　公司治理的目标与会计政策选择的目标

### 3.1.1　公司治理中各利益相关者的目标

（1）所有者的目标

所有者作为企业的出资人，不仅是企业现有净资产的产权权利主体，也是企业增值资产的主要产权权利享有者，其目标是企业财产的保值增值，实现股东财富的最大化。所有者为维护其产权权利，会采用保守的政策，确保其投入资本的安全和增值。

（2）管理者的目标

由于现代企业制度下所有权与经营权的分离，加上会计信息市场存在不完全竞争,管理者就成为企业事实上的控制者,他们控制了企业的一切经营活动,包括会计政策选择。管理者除了要实现投资者的经营目标外,还有自身的利益需求,如薪金的提高等。从而导致所有者和管理者之间存在潜在矛盾,管理者可能会为实现自身利益目标而扭曲会计信息,获取股东、债权人等对他们的信赖。

(3)债权人的目标

债权人在特定的条件下将资金以信贷的方式投入企业,是期望能从企业所创造的利益中获得相应份额的利益——利息。债权人的目标是确保债权的权利得到及时足额行使。债权人为了降低风险,他们关心企业资产的流动状况,通常要求在债务契约中规定一些限制性的条款,以限制企业在营运资本、固定资产、现金流量等方面对债权人不利的选择。

(4)政府的目标

政府作为宏观经济的调控主体,它本身就是一个利益集团。政府的目标是企业社会效益的最大化。会计信息是政府制定政策或法规的重要依据之一,这些法规或政策体现的是政府的意图,政府希望采用增加税前会计利润进而增加政府收入的激进政策,如禁止企业在税前列支超过税法规定标准的实际成本,限制企业增值税的核算方法等。

(5)员工的目标

企业的员工作为劳动者,为企业运行提供劳动要素,其目标是为了提高自身工薪收入。员工在选择计时工资、计件工资以及其他以业务量为基础的工资形式时,若单位业务量的工资标准与企业的新增价值有关,为获得更高的工薪收入,员工会关注企业的会计信息,喜欢选择激进的会计方法。若其工薪与企业新增价值不相关,则员工工作积极性不高,对企业会计信息不关心,进而会影响企业的效益。

### 3.1.2 会计政策选择的目标

利益相关者理论下的会计政策选择的目标是利益相关者利益的最大化,能够兼顾各方利益相关者的利益。利益相关者参与企业会计政策选择会激励利益相关者对企业的利益更加关注,从而减少企业的激励监督成本和代理成本。在这一会计政策选择目标下,企业与员工、债权人、供应商等签订了一份隐形保险契约,这使得利益相关者更愿意向企业投入更多的专用性资本,促使利益相关者与企业长期合作。同时,作为利益相关者的债权人、员工等,可利用信息优势监督管理者的行为,从而减少代理成本。

## 3.2 会计政策选择在公司治理中的地位

会计核算是企业经营管理的重要组成部分,与公司各个层次的权力机构都密切相关。而会计政策是会计核算的灵魂,直接决定着会计信息的质量,决定着公司的财务预算、财务决算方案。因此,会计政策选择影响着上市公司的整体利益,涉及公司的生存与发展,同时也影响到股东、董事会、经理层等各个方面的利益。而这些利益不一定一致,这就决定了在公司治理结构中会计政策选择权如何分配的问题。可见,会计政策选择是公司利益相关者,乃至全社会共同博弈的产物。会计政策选择在形式上表现为会计过程的一种技术规范,但会计政策的选择绝不是一个单纯的会计问题,它是与企业相关的各利益集团处理经济关系、协调经济矛盾、分配经济利益的一项重要措施。对同一会计事项的处理,往往因选择的会计政策不同而产生不同的甚至是相反的会计结果,从而影响各利益集团的经济利益,导致各利益集团做出不同的决策,最终影响社会资源的配置效率和效果,如何规范会计政策选择权是规范公司内部治理结构的重要组成部分。

## 3.3　公司治理中各利益相关者对会计政策选择的影响

### 3.3.1　股东对会计政策选择的影响

(1)从资本安全来看

股东投入资本的目的就是为了保值增值,其首要目标是确保资本的安全。由于企业是由各个利益相关者组成的,管理者、债权人、员工、政府分配的经济利益都在股东之前。管理者与员工的工资、福利计入了相应的成本费用,债权人的利息可以资本化或费用化,三者的经济利益都在生成利润总额前扣除了。而政府获得的税收根据生成的利润总额计算,在净利润形成前扣除了,剩下的经济利益才是归股东所有的。而剩余经济利益具有很大的不确定性,股东要比其他利益相关者承受更大的风险。股东出于资本安全动因的考虑,或者说,为了避免其他利益相关者侵蚀股东的资本,他们在会计政策选择上,更倾向于那些能够使会计收益接近真实收益的会计政策。例如在物价上涨时,股东在计量基础上更倾向于选择现行市价而不是历史成本。

(2)从股利偏好来看

由于股东偏好现金股利,当企业满足股东偏好达到一定程度时,在其他条件相同的情况下,股东就愿意为那些支付现金股利的企业股票支付一个较高的价格。因此,股东和管理者之间达成一种隐性股利契约。隐性股利契约的存在会对会计政策选择产生一定的影响,这种影响主要是指管理者可能通过会计政策选择来改变报告盈利。当盈利不足以支付目标股利时,管理者会选择那些能提高企业盈利的会计政策,将盈利上调以满足隐含的股利支付契约条款的要求;当盈利高于支付的目标股利时,管理者可能倾向于选择那些能减少企业盈利的会计政策,调低当期收益。

(3)从资本利得来看

所谓资本利得是指产权所有人采用出售、转让资本资产等方式所获取的所得,如转让重大股权所获取的所得、转让证券所获取的所得等都属于资本利得。股东在进行产权交易时,总是期望通过低买高卖,从而获得更大的收益。由于资本交易或产权流动的对象是企业的净资产及其潜在的获利能力,因此股东在进行资本交易或产权流动时,从出卖产权或让渡资本所有权的一方看,他们总是希望评估较高的净资产和较高的获利能力,从而偏好于那些能够提高净资产和收益的会计政策。而购买产权或获得资本所有权的一方则是希望评估较低的净资产和较低的获利能力,从而偏好于那些能够降低净资产和收益的会计政策。

### 3.3.2 管理层对会计政策选择的影响

现代企业制度下,所有权与经营权的分离,导致所有者和管理当局之间存在潜在矛盾,加上会计信息市场的不完全竞争,管理当局就成为企业事实上的控制者,他们控制了企业的一切经营活动,包括会计政策选择。所有权与管理权的分离导致了管理当局为了自己的利益最大化而工作,而不是为了所有者的利益最大化而工作。首先,企业要从资本市场上以较低的成本获得所需的资金,就必须向利益相关方提供能够证明其资金使用效率的信息,并通过会计信息的披露来树立其良好的财务形象。因此,企业管理当局的最佳选择通常就是通过会计政策的选择来影响会计信息的生成,以显示企业"稳中有升"的形象。其次,当投资者对经营者的激励计划与某一会计信息直接相关时,管理当局将利用其独特的、对会计信息的垄断地位,在会计准则允许的范围内选择对自己最为有利的会计政策。再次,管理者被更换时,现任管理者往往偏好于提前使企业实现利润,而选择把成本和损失向后期递延的方法;相反,继任管理者为保证其以后的利益,则偏好于使企业留下潜在的收益,而不愿有任何潜亏递延。从会计方法的选择看,现任管理者易于选择激进的方法,而继任管理者易于选择保守的方法。

### 3.3.3　债权人对会计政策选择的影响

管理者与债权人之间的利益取向是不一致的。债权人关心其债权的安全,即贷款本息是否能够按时足额收回;管理者则考虑如何运用这笔资金为自己和股东谋取更大的利益。债权人为避免管理者由于资产替代及支付问题将企业财富从债权人手中转移到管理者与股东手中,在贷款时往往要求债务人提供经注册会计师审计的会计报告,以详细了解企业的偿债能力、获利能力以及企业的经营状况。而且,在借款还款期限内,与债务人之间订立一系列限制性条款。

债权人对会计政策选择的影响,主要体现在债务契约的规范和完善上。限制性条款的主要内容大部分与会计数据有关,需要依据企业出具的财务报告,而契约签订之后的监督也要通过企业提供的财务数据来进行。这样债务人违约的可能性就与企业的会计政策选择有直接的联系。如:

(1)对会计数据的要求

债权人在签订契约之前,需要对企业的偿债能力进行合理的评估,并在契约持续过程中,及时准确地了解企业的会计信息,加强对资金使用的监督,确保债权安全。而债权人作为企业的外部信息使用者,企业会计报表及相关的会计资料是其信息获得的主要来源。这就要求会计信息的充分披露,会计数据的规范,企业对现有会计程序方法保持一贯性,如需变更,需经债权人同意。

（2）对外担保的限制

如果企业以其资产向其他债务人提供担保，当被担保人无力清偿债务时，企业将面临用自身的担保资产清偿被担保人的债务，这必然侵犯债权人的利益。因此，债权人会在债务契约中增加限制性条款。如果企业一旦违反契约限制要求，债权人必然要求立即偿还所有借款。这样，对企业而言，会引起资金周转困难，陷入债务危机，声誉下降等不利影响。基于避免违约及降低契约成本的目的，经理人员会进行会计政策选择。由于债权人希望的是企业收益增加，资产增加或负债的减少，因此，企业越是与特定的、基于会计数据的限制性条款紧密联系，其经理人员越有可能采用可增加当期收益的会计政策，使债权人做出对企业有利的反应，以避免债务契约的再谈判成本和技术性违约成本，从而实现企业价值的最大化。

### 3.3.4  政府对会计政策选择的影响

政府作为宏观经济的调控主体，为企业及其投资人提供良好的经营环境，直接或间接地为企业带来利益，同时也通过分享企业利益来满足自身的支出。一般而言，政府在参与企业利益分配时，常以流转税和所得税的形式取得收入。但是，政府从企业获得收入，会直接影响所有者、管理者、员工等可分配的利益，也会减少企业的可支配收益。因此，在会计政策选择上，政府往往偏于激进，因为这有利于增加税前会计利润，进而增加政府收入。然而企业为了向政府少缴税，整体上会趋向于保守或谨慎。这种对抗性集中体现在税务会计的计量方法选择上，且政府往往处于优势。如政府可以禁止企业在税前列支超过税法规定标准的实际成本，限制企业所提供服务的形式及数量。政府还可能采取向企业转移支出的办法，间接取得收入，并不允许企业抵扣税金，而是直接列支成本。此外，企业为从政府那里得到财政补贴，会利用会计政策来调节收益，从而享有税收上的优惠。

### 3.3.5 员工对会计政策选择的影响

利益相关者理论为员工参与企业管理提供了理论基础，在利益相关者理论下，员工作为企业的利益相关者直接参与企业理财是合乎情理的必然选择。

一般而言，在工资与奖金的动因下，员工在两个方面关注会计政策选择：一是员工在选择计时工资与计件工资以及其他以业务量为基础的工资形式时，由于单位业务量的工资标准是与企业的新创造价值有关的，他们一定会关注会计上对资本保全价值的计量；二是员工不仅会关注单位业务量的工资标准，而且关注新增价值中员工整体收入的比重，它反映了员工阶层的基本地位，在员工收入一定的条件下，如果新创造的价值量大，员工收入的比重就小；相反，新创造的价值的数量小，员工收入的比重就大。从这一点出发，员工喜欢选择激进的会计政策，这样可以提高企业的收益，进而提高自己的利益。

在股份动因下，实行员工持股计划后，员工有了双重身份。一方面，作为普通员工，从企业获得工资奖金；另一方面，作为股份的持有者,可以按照持有股数分享公司的红利。此时作为股份的持有者,员工会更加关注企业的获利情况,如果企业获得更多的利润,意味着自己将分得更多的红利。因此,从这一点上来看,员工会偏好提高企业利润的会计政策。

## 3.4　不同公司治理模式下会计政策选择的特点

### 3.4.1　外部监控式公司治理模式下会计政策选择的特点

(1)外部监控式公司治理模式的主要特征

①股权结构

股权分散化、流动性大,股权分布在个人和机构投资者手中,股票市场主导的外部控制机制发达。在股权高度分散的情况下,流动性强,股权结构也变得不稳定。由于分散的小股东监督成本过高,股东对经营者的约束力比较弱,存在着"搭便车"的倾向,作为委托人的投资者对管理人员的直接监控作用有限,更多的是采取"用脚投票"①的方式。

②公司治理目标:股东价值最大化

由于企业融资结构以股权资本为主,因而"股东至上"就成了

---

①　即通过高效的资本市场来买卖股票,影响股价走势,进而在股票市场上对经营者形成巨大的外部约束与监督。

公司治理的首要目标。关心短期收益,注重分工和制衡,收入中红利的比例较大,使资金重新回到市场,而不是留在企业组织内部。管理人员的选择本身也是市场行为,流动性较大。

③控制权结构:经理中心主义

在美国公司中,公司股份高度分散的结果是众多股东由于持有股份太少而无法左右股东大会,从而丧失对董事会的控制能力,股东大会丧失其作为公司最高权力机构应有的权威性而流于形式。董事会也失去应有之义,最终使经理层通过把持股东大会和控制董事会全面执掌公司决策大权成为可能。

④内部机构设置:由股东大会和董事会组成,不设监事会

美国的内部治理结构一般由股东大会、董事会及经理层组成。公司实行单一委员会制,不设监事会,监督的职能由董事会履行。董事会由股东大会选举产生,董事会由内部董事和外部董事组成,其中外部董事会约占董事会成员的3/4,内部董事则为公司的高级主管人员。董事的选举实际上被 CEO 控制。董事会下设若干委员会,如审核委员会、薪酬委员会、提名委员会等,其目的是保持董事会的独立性和客观性。股东受法律限制,不直接出面干预公司的运行,公司的经营管理者掌握了较大的权利,股东大会的权利趋于淡化。

⑤激励机制:股票期权制

股票期权即签订合同时给予管理者在未来某一特定时期以签订合同时的价格购买一定数量公司股票的选择权。公司经营业绩良好,经营者可赚得现价与以后股价的差价而获利。其实质是公司将公司普通股票认购权作为公司特定职员"一揽子报酬"的一部

分,有条件地无偿授予或奖励有突出贡献者,最大限度地激发他们的积极性。由于股票价格的波动在一定程度上反映了经营者的经营绩效,因此,股票期权将经营者的利益和股东的利益与公司市场价值有机地结合起来,对经营者起到了重要的激励作用。

总之,美英公司治理模式相对优势表现为:有效的董事会约束和公司控制权市场,使企业经营的透明度较高,股东权益一般可得到较好的保障。具体表现为:第一,侧重于市场的作用,强调资源的流动性,有利于资源向优势企业和朝阳行业集中。同时,并购机制也有利于优势企业通过证券市场兼并活动迅速壮大自身规模、提升自身的竞争力来实现长远战略目标。第二,董事会与经营者各尽其职和外部市场的激励与约束机制,有助于促使经营人员保持高涨的工作热情和创造力,并使企业充满活力。第三,证券市场的良好流动性,有助于降低投资风险,保护投资者的利益;同时,有利于活跃证券市场,增加交易信息透明度。

这种公司治理相对劣势主要表现在:在外部监管模式下,由于公司股权高度分散,股东大会的虚置和董事会的失灵,容易形成"内部人控制",损害外部股东利益;由于股东仅在股票市场上抛售股票以对经营者施加影响,容易导致经营者的短期行为,同时股票市场兼并和接管机制往往带来很高的治理成本,不利于经营者积极性的发挥和公司价值的提高,也没有足够重视其他利益相关者的利益。这样的治理方式就使得公司外部的利益相关者特别强调会计信息的公开披露,强调财务报告的决策有用性,他们会利用各种方式对会计准则制定机构实施影响,他们还会发展强大的独立审计以限制公司报表编制者的会计剩余控制权。

（2）外部监控式公司治理模式下会计政策选择的特点

美国模式强调"市场监控"的作用，同时注重投资者的利益。因此，在会计政策选择上也存在着"以市场和投资者利益为导向"的倾向。如美国在固定资产折旧方面，鼓励采用加速折旧法，以鼓励投资。另外，美国的税法对公司会计所反映的收入、成本、费用及企业收益的确定不发生直接影响。美国申报纳税所依据的公司所得，是在会计资料基础上经过调整而得出的。另外，会计报表注释是美国财务报表体系中的重要组成部分，美国会计报表的注释一般是条目很多且篇幅很大。表明美国对会计报表注释非常重视，这种充分揭示主要是基于维护投资者利益，使投资者借助财务报告资料能对公司的过去、当前和未来情况，包括经营管理、财务状况、盈利能力和投资风险等情况进行分析、判断，从而优化投资决策。

### 3.4.2 内部监控式公司治理模式下会计政策选择的特点

（1）内部监控式公司治理模式的特点

①股权结构

股权集中与法人之间交叉持股，普遍实行主银行制①，个人股东持股率低且比较分散。这种模式能更好地实现"最优的所有权

---

① 所谓主银行，就是某企业之大股东和最大贷款人的银行，其职能主要有三个：一是资金供给职能，即主银行为企业提供系列融资，包括长期贷款、短期贷款、债券投资、股权投资和收支账户管理等；二是监督职能，主银行在向企业提供资金的同时，对企业经营行为进行监督和为企业提供信息、管理等方面的服务；三是最后手段职能，即主银行在企业经营陷入危机之时，为企业提供紧急融资支持，并在企业重组时握有主导权。

安排",即银行参与使债权人获得了剩余索取权和剩余控制权,员工的参与使人力资本的所有者也获得了剩余索取权和剩余控制权。这样既能更好地实现公司的长期稳定发展,又可以降低融资成本提高效率。

②公司治理目标:利益相关者利益最大化

由于企业融资结构以债权与间接融资为主,因而公司治理不仅强调股东的利益,更强调包括债权人、员工的利益,公司治理的目标是公司整体利益的最大化。这种治理模式对公司和经理的评价,不是短期利润增长和股价上扬,而是更着重于公司的长期目标。所以,在公司正常运转时,一般不干预其经营管理,给予了管理人员很大的权威。

③控制权结构:由全能银行、法人股东、经理、员工共同控制

银行在日德公司控制权结构中的重要地位是由其作为全能银行以贷款人、主要股东、委托投票权受托人、监事会成员乃至主席等多种身份取得的。法人股东在日德公司控制权结构中的地位则是由其作为公司股份主要持有人对公司较为集中和稳定的持股所决定的,体现其控制权的主要手段是在股东大会上的表决权和监事会中的较多席位。日德公司以法人股东为主且法人之间相互交叉持股的结果形成了一个经理集团,从而使经理阶层掌握着相当大的实际权利而在公司控制权结构中占有一席之地。员工在公司中的控制权主要是通过员工代表在公司监事会中的席位实现的。按照德国法律规定,公司监事会是公司股东和员工利益代表结构和决策机构,必须有公司的员工代表,而且由员工代表出任监事会副主席。

④内部机构设置

日德模式基本上也是"股东大会—董事会—经理层"的架构，不同的是，在日本有一个由集团内各成员企业总经理组成的总经理会议对公司经营施加重大影响。由于法人持股为主的股权结构使日本的股东大会形同虚设。日本公司的董事会几乎全是内部董事，大多数董事由公司各部门的行政领导人兼任。日本公司董事和经理合一的模式使得公司经营者对公司的情况比较熟悉，因而更注重公司的长远发展。

德国的股东大会是公司的权力机构。其主要职责是：确定选举监事会的具体措施，选举监事会成员，修改公司章程，决定公司的解体。根据德国股份公司法的规定，德国公司设有"监事会—董事会"双层制的董事会结构，即由股东和职工代表共同组成监事会，由监事会任命董事会成员。监事会是公司股东、职工利益的代表机构和监督机构，负责任命和解聘理事、对公司经营重大事项做出决策、审核公司的账簿、核对公司资产等，不具有任何管理功能。

⑤激励机制

德国公司对经营者的激励机制主要是年薪制。监督董事会在确定经营者的收入时，要与经营者的任务和公司的状况相适应，公司经营业绩越显著，经营者的收入越高。这种激励制度还包括职务晋升、终身雇用等精神性激励，看重的是长期目标绩效，而不是短期利润增长和股价上扬。

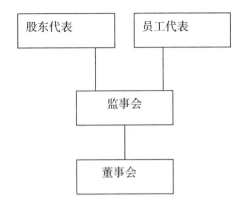

图3－1　德国公司内部治理结构

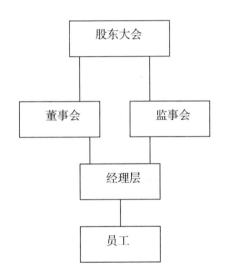

图3－2　日本公司内部治理结构

　　总之,这种模式的核心优势在于解决交易费用问题,但由于缺乏活跃的外部市场,如证券市场不发达,直接融资比例低,其无法从根本上解决代理问题;而且企业资产负债率过高、银企关系过分密切容易形成泡沫经济。内部监控式模式较好地避免了美国公司治理模式下公司行为的短期化倾向,但是这种模式相对集中的法人持股不仅未能达到避免内部人控制的目标,相反却将其引入内部人导向的境地。出现这种现象的根源在于法人之间交叉持股,交叉持股强化了"内部人交易",是对任何有效的公司控制的一种折中。①

（2）内部监控式公司治理模式下会计政策选择的特点

从公司治理目标来看,内部监控式公司治理的目标是利益相关者利益最大化,各利益相关者比较注重公司的长远发展,一般不希望采用增加当期赢利的会计政策,会计政策选择要与各利益相关者的长远利益相一致。从激励制度来看,内部监控式公司治理模式看重的是长期目标绩效,多采用精神激励。从公司控制权结构来看,全能银行、法人股东、经理、员工共同控制,管理当局控制权的行使受到很大制约。因此,管理当局会计政策选择是趋于效率型的,机会主义行为的倾向大大降低。

### 3.4.3　家族监控式公司治理模式下会计政策选择的特点

（1）家族监控式公司治理模式的特点

①股权结构

在这一模式下,公司的所有权主要控制在由血缘、亲缘和姻缘为纽带组成的家族成员手中,主要经营管理权由家族成员把持。这就使公司决策家长化,经营者激励约束双重化,受到银行等金融机构的外部监督也就较弱。家族监控模式下,所有权与控制权基

---

① 谭安杰:《改革中的企业督导机制》,中国经济出版社 1997 年版,第 276—277 页。

本保持一致。

②公司治理目标

企业利润最大化。一方面,利润最大化符合本金最大化增值的财务活动内在要求;另一方面,利润最大化又使企业经营本金有了可靠的资本来源,可以良好衔接本金投入与收益的关系。但利润最大化这一目标未考虑利润总额与投入资本额的比例关系。

③控制权结构

通过直接或间接的交叉持股,使股权相对集中,主要控制权在家族手中。企业经营管理权主要由有血缘关系的家族成员控制,或者主要由有血缘关系的家庭成员和有亲缘、姻缘关系的家庭成员共同控制。家族企业受到来自银行的监督和约束力度较小。涉足银行业的家族企业,银行是实现家族利益的工具,属于家族的银行对同属于家族的其他企业基本上是软约束。没有涉足银行业的家族企业,一般都采取由下属的企业之间相互担保的形式向银行融资,也使银行对家族企业的监督力度受到了削弱。家族企业在发展过程中都受到了政府的制约。政府对家族企业的制约主要表现在政府对企业发展的引导和支持上。

④内部机构设置

家族控制的董事会、高级经理层会全面主导企业的发展,控股股东通常担任总经理,有权选择执行董事。企业不设监事会,仅设内部审计员,其功能类似外部董事,对管理层的监督有限。

⑤激励机制

在家族企业中,经营者受到了来自家族利益和亲情的双重激励和约束。对于家族第一代创业者而言,他们经营行为往往是为了更好的生活,以及为自己的子孙后代留下一份产业。对于家族第二代及其以后的经营者来说,他们的经营行为进行激励和约束的主要机制是保值增值作为企业股东的家族成员的资产、维持家庭成员的亲情的需要。因此,与非家族企业相比,家族企业的道德风险、利己的个人主义倾向发生的可能性较低,不必用规范的经营者管理制度对经营者进行监督和约束。

总之,这种模式以家族资本主义或裙带资本主义为特征,家族的治理结构大大降低了内部的交易成本,可以最大限度地提高内部管理的效率,实现资源的优化配置。同时,内部人管理和经理人员一定比例的持股,使得公司利益和个人利益趋于同步,实现双重激励和约束机制。但它也存在着家族股东"剥削"小股东的利益、信息披露不充分、董事会缺乏诚信和问责机制以及家族的继承方式使得董事会在选择接班的代理人时缺乏有效的市场约束等问题。

(2)家族监控式公司治理模式下会计政策选择的特点

家族监控式公司治理模式下,股东的经营权和控制权是结合在一起的,股东和经营人员存在千丝万缕的关系。家族监控模式推崇家族式管理,股东和董事会在限定可选择会计范围内,只是强调企业价值最大化,经理人员的个人利益并不受重视。另外,由于治理模式严密的控制权和特殊的物质、亲情激励模式,管理当局机会主义行为的成本是最大的,与前两种治理模式相比,管理当局在会计政策选择上的效率性行为动机是最强的,道德风险和机会主义行为的倾向也相应减少。

表3-3　不同公司治理模式的特点比较

| | 外部监控式 | 内部监控式 | 家族监控式 |
|---|---|---|---|
| 股权结构 | 最大股东是机构投资者,股权分散化,单个法人持股比例受限 | 相对集中,法人之间交叉持股 | 相对集中,主要控制在家族手中 |
| 公司治理目标 | 股东价值最大化 | 利益相关者利益最大化 | 企业利润最大化 |
| 控制权结构 | 经理中心主义 | 由全能银行、法人股东、经理、员工共同控制 | 控制权掌握在家族手中 |
| 内部机构设置 | 由股东大会、董事会组成,不设监事会 | 日本:股东大会、董事会、监事会、经理层、员工德国:监事会、董事会双层制 | 董事会,高级经理层主导,不设监事会 |
| 激励机制 | 股票期权制 | 年薪制 | 家族利益及亲情的双重激励 |

表3-4　不同公司治理模式下会计政策选择的特点

| 公司治理模式 | 公司治理的关键问题 | 会计政策选择的特点 |
|---|---|---|
| 外部监控式公司治理模式 | 强管理层、弱小股东 | 效率性和机会主义行为并存 |
| 内部监控式公司治理模式 | 利益相关者的利益结合 | 趋向于效率型 |
| 家族监控式公司治理模式 | 强家族大股东、经理层,弱中小股东 | 效率性行为动机强 |

## 3.5 公司治理与会计政策选择的关系

根据利益相关者理论,公司治理是会计政策选择的内在约束机制。公司治理结构与财务会计之间是环境与系统的关系,公司治理结构在很大程度上会影响企业会计政策的选择,公司治理还会影响到信息披露的要求和内容,从而影响财务会计信息的质量。同时,会计政策选择在形式上表现为会计过程的一种技术规范,但会计政策的选择绝不是一个单纯的会计问题,它是与企业相关的各利益集团处理经济关系、协调经济矛盾、分配经济利益的一项重要措施。当企业组织不完善,缺乏必要的内部和外部控制时,会计信息就可能成为内部人控制以及欺骗股东等外部利益相关者的工具。没有健全规范的公司治理结构就不能保证会计政策选择的科学性和合理性,会计信息质量就得大打折扣,公司治理各相关利益主体就无法做出正确的决策。根据南开大学公司治理研究中心公布的"中国上市公司治理指数",其分别以 931 家、1149 家、1282 家、1249 家的上市公司作为有效样本,样本来源于截至 2006 年 4 月 30 日公布的公开信息。数据表明,2004 年至 2006 年的 3 年间,中国上市公司治理指数平均值分别为 55.02、55.33、56.08,连续 3 年中国上市公司治理整体水平呈现上升趋势。2006 年中国上市公司样本公司治理指数最大值为 75.94,最小值为 39.55。公司治理水平前 100 家上市公司的财务状况、企业业绩和企业价值指标的表现总体上好于样本中的其他上市公司,其会计政策选择也较为规范。

在不同的公司治理模式下,会计政策选择具有不同的特点。在利益相关者公司治理模式下,会计政策选择的目标是利益相关者利益最大化。利益相关者集团代替了股东大会,董事会由不同的利益相关者代表组成,这些代表能够充分表达利益相关者的思想,并且享有会计政策选择的决策权利;监事会也由各个利益相关者代表参与,享有监督会计政策选择的权利;具体执行机构则是在董事会下设会计政策决策委员会和会计政策审计委员会,由其具体选择和审核会计政策。从利益相关者集团、董事会、监事会等决策、监督机构到具体执行机构,都有一套相应的运行机制加以保障,能够通过正规、合法、科学的程序实施会计政策选择,以体现利益相关者利益的整体优化。

# 4. 案例分析:从公司治理视角看 TCL 集团合并会计方法的选择

## 4.1 TCL 集团合并会计方法选择的会计后果

### 4.1.1 TCL 集团合并会计方法选择

1998 年 10 月 30 日,清华同方(600100)公布预案宣布换股合并鲁颖电子揭开了我国换股合并的序幕。截至 2003 年年底,在我国资本市场上所发生的 16 起换股合并案中,企业在合并会计方法的选择上,无一例外地选择了权益结合法。本书以 TCL 集团合并TCL 通讯为例,研究合并会计方法选择的会计后果①及经济后果。

---

① 所谓会计后果是指不同会计政策的运用将导致对外报告业绩的差异并对企业会计政策的选择产生影响。

TCL 集团股份有限公司创办于 1981 年,总部位于中国南部的广东省惠州市,在深圳和香港上市(深圳:TCL 集团 000100;香港:TCL 国际 1070)。23 年来,TCL 集团发展的步伐迅速而稳健,特别是进入 20 世纪 90 年代以来,连续 12 年以年均 42.65% 的速度增长,是中国增长最快的工业制造企业之一。目前 TCL 集团主要从事彩电、手机、电话机、个人电脑、空调、冰箱、洗衣机、开关、插座、照明灯具等产品的研发、生产、销售和服务业务,其中彩电、手机、电话机、个人电脑等产品在国内市场具有领先优势。2004 年 1 月 30 日,TCL 集团完成对 TCL 通讯(000542)的吸收合并,实现整体上市。本次吸收合并的过程是:合并前,TCL 集团已控制 TCL 通讯全部非流通股(占 TCL 总股本的 56.7%)。要完成合并,TCL 集团只需取得 TCL 通讯的社会公众股 0.814528 亿股(占总股本的 43.3%)。TCL 集团在以 4.26 元的价格向社会公开发行 5.9 亿股的同时,向 TCL 通讯全体流通股股东换股发行 4.043959 亿股。(TCL 通讯流通股的换股价格为 21.15 元,21.15/4.26 × 0.814528 = 4.043959)2004 年 1 月 12 日,TCL 通讯的流通股全部转换为 TCL 集团的股票。2004 年 1 月 30 日,TCL 集团在深圳证券交易所挂牌,实现整体上市。总股本:2586331144 股;可流通股本:994395944 股;本次上市流通股本:994395944 股。TCL 集团换股合并案采用了权益结合法的会计处理方式。

### 4.1.2  TCL 集团合并会计方法选择的会计后果

本书根据 TCL 集团合并报告书和上市公告书的数据(数据来

源:www. cninfo. com. cn),编制权益结合法和购买法下合并基准日(2003 年 6 月 30 日)TCL 集团的简要报表,分析合并会计方法选择的会计后果。

(1)TCL 集团合并会计方法选择对财务状况的影响

表 4 - 1　合并基准日双方及存续公司财务状况① 　　　单位:亿元

| 项目 | 合并前双方报表 | | 合并后存续公司 | | |
| --- | --- | --- | --- | --- | --- |
| | TCL 集团 | TCL 通讯 | 权益结合法 | 购买法 | 差额 |
| 总资产 | 147.90 | 55.59 | 171.93 | 186.01 | -14.08 |
| 其中:无形资产——商誉 | 0 | 0 | 0 | 14.08 | -14.08 |
| 总负债 | 102.00 | 38.11 | 102.00 | 102.00 | 0 |
| 少数股东权益 | 26.35 | 11.72 | 22.09 | 22.09 | 0 |
| 股东权益 | 19.55 | 5.76 | 47.84 | 61.92 | -14.08 |
| 其中:股本 | 15.92 | 1.88 | 25.86 | 25.86 | 0 |
| 资本公积 | 0.05 | 2.38 | 17.33 | 32.98 | -15.65 |
| 未分配利润 | 2.80 | 2.45 | 3.86 | 2.80 | 1.06 |

由表 4 - 1 可知,权益结合法下的无形资产、股东权益、资本公

---

① 吴玉心:《TCL 集团合并会计方法选择的财务效应》,《财会通讯(综合)》,2004 年第 8 期。

积的数值均低于购买法,而未分配利润的数值高于购买法。原因为:

本次吸收合并过程中,TCL 集团取得 TCL 通讯全部流通股的成本为 17.23 亿元(21.15×0.814528),其对应可辨认净资产的账面价值为 3.15 亿元(7.27×43.3%),购买法下应确认的商誉为 14.08 亿元。

权益结合法下的股东权益为 47.84 亿元,购买法下的股东权益为 61.92 亿元,权益结合法确定的股东权益要低于购买法确定的股东权益。而作为上市公司,净资产收益率是取得配股资格,套取大量现金的重要指标。股东权益在权益结合法下确定的金额较低,这就为 TCL 集团大量融资做了铺垫。

购买法下,资本公积的金额为合并前 TCL 集团的资本公积加上本次发行新增的资本公积,为 32.98 亿元;而权益结合法下,资本公积等于合并前 TCL 集团的资本公积与 TCL 集团 IPO 增加的资本公积之和减去换股发行新增股本与取得的 TCL 通讯 43.3% 的股东权益的差额,为 17.33 亿元。因此购买法下,资本公积多 15.65 亿元。

购买法下,被并方合并前的留存收益不纳入合并报表,故合并后的未分配利润等于合并前 TCL 集团的未分配利润,为 2.80 亿元。权益结合法下的未分配利润等于合并前 TCL 集团的未分配利润与 TCL 通讯 43.3% 的流通股对应的未分配利润之和,为 3.86 亿元。因此购买法下未分配利润少 1.06 亿元。

### (2) TCL 集团合并会计方法选择对经营成果的影响

表 4 – 2　合并双方及存续公司模拟简要利润表①　　　　单位:亿元

| 项目 | 合并前双方合并报表 | | 合并后存续公司 | | |
|---|---|---|---|---|---|
| | TCL 集团 | TCL 通讯 | 权益结合法 | 购买法 | 差额 |
| 主营业务收入 | 127.06 | 52.58 | 127.06 | 127.06 | 0 |
| 营业利润 | 6.87 | 4.74 | 6.87 | 6.87 | 0 |
| 减:少数股东权益 | 3.40 | 2.96 | 2.77 | 3.40 | − 0.63 |
| 净利润 | 2.80 | 1.45 | 3.43 | 2.80 | 0.63 |

　　由表 4 – 2 可知,权益结合法下的净利润要高于购买法下的净利润。权益结合法下的少数股东权益要低于购买法下的少数股东权益。原因为:购买法下,被并方合并前的经营成果不能纳入合并;而权益结合法下,被并方合并前的经营成果纳入合并。相应地购买法下合并前的少数股东权益归少数股东享有,权益结合法下合并前的少数股东权益归 TCL 集团所有。此外,在购买法下,还要对商誉进行摊销。按我国目前的普遍规定,商誉摊销年限为 10 年,这样 TCL 集团每年要因此减少 1.408 亿元的利润。

---

① 　吴玉心:《TCL 合并会计方法选择的财务效应》,《财会通讯(综合)》,2004 年第 8 期。

## 4.2　新会计准则对合并会计方法选择的规定

（1）新企业会计准则对合并会计方法选择的规定

企业合并会计方法包括权益结合法与购买法。权益结合法，是把企业合并认为是权益的结合，不是一项购买交易，而是参与合并的股东联合控制了它们全部的或实际上全部的净资产和经营，是两个或两个以上企业经济资源的联合。企业联合完成之后，原来的所有者权益仍继续，会计记录也在原有的基础上保持。联合各公司的资产、负债等要素按合并前的金额记录。被合并公司的收益包括合并发生的会计期间该实体的全部收益项目，即还包括被合并公司合并前该期间的收益项目。以前会计期间的收益也应合并报告。所谓购买法，是将企业合并视为一家企业购买另一家净资产的行为，认为这一交易同企业直接从外界购买固定资产、存货等资产并无任何区别。在购买法下，并购企业按照评估后的公允价值记录所并入的资产负债，购买成本超过所确认的被并企业的可辨认净资产公允价值的差额记为商誉。

《企业会计准则第 20 号——企业合并》将企业合并分为同一控制下的企业合并和非同一控制下的企业合并。同一控制下的企业合并是指参与合并的企业在合并前后均受同一方或相同的多方最终控制且此控制并非暂时性的。同一控制下的企业合并应按权益结合法进行会计处理，即按账面价值核算所取得的长期股权投资。合并方对同一控制下吸收合并中取得的资产、负债应当按照相关资产、负债在被合并方的原账面价值入账。合并方在确认了合并中取得的被合并方的资产和负债的入账价值后,以发行权益证券方式进行的该类合并,所确认的净资产入账价值与发行股份面值总额的差额,应记入资本公积;资本公积不足以冲减的,调整留存收益。非同一控制下的企业合并是指参与合并的一方购买另一方或多方的交易,属于非关联企业之间所进行的合并,对此要求采用购买法进行会计处理,按公允价值进行核算,相关规定与国际会计准则一致。

(2)国际会计准则对合并会计方法的选择

权益结合法能增加会计利润和未分配利润,这种在短期内提升企业业绩的功效,极有可能使一些上市公司通过资本运作将合并对象置于同一控制下,进行虚假重组,虚构企业合并交易,从而造成会计信息的严重失真。2001 年 6 月,美国财务会计准则委员会(FASB)正式取消了权益结合法,并且对商誉定期进行减值测试。国际会计准则的趋势也是取消权益结合法。2001 年 4 月新成立 IASB,主要围绕企业合并等有关方面进行了讨论。对于企业合并的准则,已经形成了初步结论:所有的企业合并均按购买法核算。

(3)权益结合法与购买法下会计信息质量的比较

从会计信息的相关性来看,购买法提供了关于合并企业资产和负债的公允价值的信息,便于投资者预测未来的现金流量,从而其提供的信息有极大的相关性;权益结合法较之公允价值则明显地缺乏决策相关性。从会计信息的可靠性来看,权益结合法按历史成本反映合并后企业的资产和负债,因此其信息的可靠性较高。而在购买法下,由于使用公允价值,往往会产生大量的诸如商誉的准备账户,给人为的调节利润留下很大的空间。从会计信息的可比性来看,购买法使各企业之间的会计信息具有横向可比性,但由于合并是以公允价值为计价基础,而合并前是以历史成本为计价基础的,因而合并前后的会计信息缺乏可比性;权益结合法合并前后的会计信息都是以历史成本为计价基础的,但对于不同企业间的横向比较则比较困难。

在我国产权交易市场完全发育成熟之前,或者说在取消权益结合法的条件成熟之前,新会计准则保留以购买法为主导和有限制的权益结合法并存的二元格局是现实的选择。购买法有其自身的局限性,表现为:公允价值的确定有一定难度;对商誉定期进行减值测试的可操作性值得怀疑;同一合并个体的净资产出现双重计价问题,并购企业的净资产采用账面价值计价,被并企业的净资产采用公允价值计价。权益结合法在我国的应用有合理的一面。表现为:首先,我国的企业合并大多涉及同一控制下的国有企业合并,加之我国市场发育不完善,此类合并所支付的对价一般不够公允,按权益结合法进行会计处理容易抑制企业对利润的操纵。其次,权益结合法能够给企业带来较好的报告效应,这种报告效应对企业有很大的吸引力,从而促使企业通过合并来扩大规模,增强竞争力。购买法是按资产的公允价值将被合并企业的资产并入合并报表中,而权益结合法下是按资产的账面价值将被合并企业的资产并入合并报表中。通常情况下,资产的公允价值会大于其账面价值,这就使得购买法下的资产价值高于权益结合法。另外,由于购买法下可能确认商誉,也会导致购买法下的资产价值高于权益结合法。购买法下合并前被合并企业的收益作为购买成本的组成部分,而权益结合法则直接将这部分收益纳入合并会计报表。因此,只要被合并企业合并前有收益,权益结合法下合并后的收益必然大于购买法下报表中的收益。再次,从会计实务上来说,权益法要比购买法简便,易于操作和掌握。公司治理结构是影响会计政策选择的一个重要因素,深入分析 TCL 集团的公司治理结构有助于理解其采用权益结合法的成因。

## 4.3　TCL 集团的公司治理分析

### 4.3.1　TCL 集团的经营状况

TCL 集团 2003 年每股收益为 0.3584 元,TCL 集团上市后每股收益大幅下降,2004 年每股收益为 0.0948,2005 年及 2006 年每股收益出现负值,分别为 - 0.1238、- 0.7417。虽然 TCL 集团上市后主营业务收入上升,但是净利润却大幅下降,2004 年净利润为 245205122 元,2005 年净利润为 - 320043017 元,2006 年净利润为 - 1932328255 元。TCL 集团 2003 年每股经营活动产生的现金流量净额为 0.4181,TCL 集团上市后,2004 年及 2005 年每股经营活动现金流量净额出现负值,分别为 - 0.5081、- 0.7878,2006 年每股经营活动现金流量净额为 0.4388。安永华明会计师事务所在 2006 年为 TCL 集团出具了有强调事项段的无保留审计意见。TCL 集团的主要财务指标及审计意见详见表 4-3。

表 4-3　TCL 集团的主要财务指标及审计意见　　　　单位:元

| | 2003 年 | 2004 年 | 2005 年 | 2006 年 |
|---|---|---|---|---|
| 每股收益 | 0.3584 | 0.0948 | -0.1238 | -0.7417 |
| 每股净资产 | 1.4218 | 2.1109 | 1.8994 | 1.1503 |
| 净资产收益率 | 25.21% | 4.49% | -6.52% | -64.95% |
| 主营业务收入 | 28254258408 | 40282232711 | 51675606107 | 46855233469 |
| 净利润 | 570576574 | 245205122 | -320043017 | -1932328255 |
| 每股经营活动产生的现金流量净额 | 0.4181 | -0.5081 | -0.7878 | 0.4388 |
| 审计意见 | 标准无保留审计意见 | 标准无保留审计意见 | 标准无保留审计意见 | 有强调事项段的无保留审计意见 |

资料来源:根据 TCL 集团 2003 年及 2006 年年报编制

### 4.3.2　TCL 集团的股权结构

由于股权结构体现了所有者的构成,从而决定了股东大会的构成,进而决定了董事会、高级经理层、监事会的组成,而这四者恰恰是公司内部治理的主要关系者,他们之间的关系是否理顺,是内部治理能否完善的关键。

股权结构从各股东持股比例上可分为高度集中型、过度分散型和适度集中型,不同类型的股权结构对公司治理绩效将产生直接影响。公司股权集中度与公司治理绩效之间关系的曲线是倒 U

形的①,股权过度集中或过度分散都不利于建立有效的公司治理机制,适度集中的股权结构与大股东相对控制型公司治理机制应该可以作为我国公司治理改革的优选方向。

TCL 集团的股权结构有以下特点:

第一,TCL 集团 2003—2006 年,有限售条件的股份比重分别为:100%、61.55%、61.86%、51.94%,均超过 50%。TCL 集团流通股的比重偏低,其中,2003 年 TCL 集团的流通股比重为零。TCL 集团 2006 年流通股比例为 48.06%,由于流通股未超过一半,无法透过市场投资者对公司营运进行监督。

第二,股权结构不合理,形成明显的"中央集权"。TCL 集团 2003—2006 年前十大股东持股比例偏高,2003 年达到 85.88%。2004 年为 51.01%,2005 年为 55.3%,2006 年为 43.85%。TCL 集团的第一大股东为惠州市投资控股有限公司,其为本公司的控股股东,惠州市人民政府国有资产监督管理委员会为公司的实际控制人。惠州市投资控股有限公司的持股比例逐渐下降,由 2003 年 40.97%,减到 2006 年 12.84%。而高级管理人员持股比例为 15.63%,至此,TCL 集团管理层不但实际控制了企业,还掌握了相对控制权。2006 年,TCL 集团董事长兼总裁李东生的持股比例为 4.72%,超过董事会其他成员持股比例总和。李东生几乎掌握着 TCL 所有权力重心,包括 TCL 集团董事长、总裁、CEO,TTE 董事长、CEO 等。TCL 集团拥有形式上的现代企业法人结构,但缺乏现代企业管理制度和完善的管理团队建设。

---

① 邵东亚:《公司治理的机制与绩效》,《管理世界》,2003 年第 12 期。

表4-4 TCL集团的股权结构

| | 2006 - 12 - 31 | 2005 - 12 - 31 | 2004 - 12 - 31 | 2003 - 12 - 31 |
|---|---|---|---|---|
| 一、有限售条件的股份 | 51.94% | 61.55% | 61.55% | 100% |
| 1. 国家持股比例 | 12.84% | 25.22% | 25.22% | 40.97% |
| 2. 其他内资持股 | 24.23% | 28.71% | 28.71% | 46.65% |
| 3. 外资持股 | 14.87% | 7.62% | 7.62% | 12.38% |
| 二、无限售条件股份 | 48.06% | 38.45% | 38.45% | 0% |
| 1. 人民币普通股 | 48.06% | 38.45% | 38.45% | 0% |
| 三、前十名股东持股比例 | | | | |
| 1. 第一大股东比例 | 12.84% | 25.22% | 25.22% | 40.97% |
| 2. 前三大股东比例 | 26.82% | 39.91% | 39.91% | 64.84% |
| 3. 前十大股东比例 | 43.85% | 55.3% | 52.86% | 85.88% |
| 四、无限售条件的第一大股东持股比例 | 0.21% | 2.73% | 0.316% | 0% |

资料来源:根据 TCL 集团 2003—2006 年年报编制

### 4.3.3 TCL 集团的股东大会情况

TCL 集团的股东大会的情况为：

股东大会的召开时间符合规定，均在次年 6 月 30 日前。

参加股东大会的人数从 2003 年到 2006 年逐年递减，这与公司的经营业绩有一定关系。2003 年公司的每股收益为 0.3584，2004 年的每股收益为 0.0948，2005 年每股收益为 - 0.1238，2006 年的每股收益为 - 0.7417。

股东出席股份的比例不高，2006 年只有 31.47%。这与 TCL 集团的非流通股比例逐渐降低有关，2003 年 TCL 集团的非流通股比例为 100%，2004 年 TCL 集团的非流通股比例为 61.55%，2005 年 TCL 集团非流通股比例为 61.86%，2006 年 TCL 集团非流通股比例为 51.94%。

表 4 - 5　TCL 集团股东大会情况

|  | 2003 年 | 2004 年 | 2005 年 | 2006 年 |
|---|---|---|---|---|
| 报告期末股东总数 | 49 | 255904 | 197088 | 180760 |
| 参加年度股东大会人数 | 34 | 17 | 15 | 12 |
| 持有、代表的股份数 | 51.62% | 54.521% | 65.30% | 31.47% |
| 召开时间 | 2004.5.15 | 2005.6.20 | 2006.4.14 | 2007.5.28 |
| 表决情况 | 通过 | 通过 | 通过 | 通过 |

资料来源：根据 TCL 集团 2003—2006 年年报及上市公司资讯网编制

### 4.3.4 TCL 集团的董事会情况

TCL 集团的董事会情况为：

(1)董事会规模

TCL 集团 2003 年董事会的人数为 15 人(不包括董事会秘书)，独立董事人数为 5 人，独立董事人数是董事会总人数的 1/3；TCL 集团 2006 年董事会人数为 12 人(不包括董事会秘书)，独立董事人数为 5 人，独立董事人数是董事会总人数的 42%。根据《公司法》第 112 条规定，股份有限公司的董事会人数应为 5—19 人。董事会规模过小，不能很好地代表股东的利益；董事会规模过大，治理效率偏低。7—11 人的董事会规模适中，TCL 集团的董事会规模略大。

(2)董事教育程度

TCL 集团 2003 年受过高等教育的董事人数为 7 人，占董事会人数的 46.7%，硕士以上学历的有 5 人，是董事会人数的 1/3；TCL 集团 2006 年受过高等教育的董事人数为 8 人，占董事会人数的 66.7%，硕士以上学历的有 5 人，占董事会人数的 41.7%。TCL 集团董事会成员的学历并不高，受过高等教育的董事会成员人数未过半。

(3)董事会代表的股权比例

TCL 集团 2003 年董事会代表的股权比例为 15%，TCL 集团 2006 年董事会代表的股权比例为 6.248%。TCL 集团董事会代表的股权比例偏低，不能代表大多数股东的利益，有资本所有者缺位的现象。

(4)内部人控制度

内部人控制度即内部董事占全体董事会成员的比重①。内部董事是董事会中属于企业内部管理人员或职工的董事。外部董事在美国理论界被界定为除了董事身份以外,与公司之间既没有职业上的关系,也没有业务上关系的董事。2003 年的内部人控制度为 46.7%,2006 年的内部人控制度为 33.33%。TCL 集团的董事长与总经理互相兼职。我国《公司法》对于董事长能否兼任总经理没有明确的规定,而董事长与总经理的两职合一,意味着总经理自己监督自己,这与总经理的自利性相违背。TCL 集团的董事长兼任总经理,未能实现两职分离,难以实现董事会监督的独立性和有效性。

(5)独立董事人数及薪酬

TCL 集团 2003 年至 2006 年独立董事人数约占董事总人数的 1/3,2003 年学历在硕士以上的独立董事占 60%,2004 年学历在硕士以上的独立董事占 66.7%,2005 年学历在硕士以上的独立董事占 75%,2006 年学历在硕士以上的独立董事人数占 80%。独立董事的津贴为每人每年 6 万元。

(6)董事会的年龄构成

2003 年董事会中年龄超过 45 岁的人有 11 人,占董事会人数的 73.3%,2006 年董事会中年龄超过 45 岁的人有 9 人,占董事会人数的 75%。董事会成员的年龄偏大。

---

① 何浚:《上市公司治理结构的实证分析》,《经济研究》,1998 年第 5 期。

（7）董事薪酬情况

2003 年有 3 名董事在股东单位领取报酬,2004 年有 4 名董事在股东单位领取报酬,2005 年有 3 名董事在股东单位领取报酬,2006 年有 4 名董事在股东单位领取报酬。TCL 集团的董事会情况详见表 4 - 6

表 4 - 6　TCL 集团的董事会情况

|  | 2003 年 | 2004 年 | 2005 年 | 2006 年 |
|---|---|---|---|---|
| 董事会规模 | 15 | 17 | 12 | 12 |
| 董事教育程度 | 大学以上 7 人,硕士以上 5 人 | 大学以上 9 人,硕士以上 7 人 | 大学以上 7 人,硕士以上 5 人 | 大学以上 8 人,硕士以上 5 人 |
| 董事代表的股权比例 | 15% | 9.23% | 8.15% | 6.248% |
| 独立董事人数 | 5 人 | 6 人 | 4 人 | 5 人 |
| 内部控制度 | 46.7% | 41.18% | 41.67% | 33.33% |

资料来源:本表根据 TCL 集团 2003—2006 年年报编制

表 4 - 7　2003 年 TCL 集团所有权与控制权

| 股东类型 | 所有权 | 控制权(董事会席位) |
|---|---|---|
| 国家股 | 40.97% | 6.67% |
| 境内法人持股比例 | 6% | 6.67% |
| 境内自然人持股比例 | 40.65% | 40% |
| 外资持股 | 12.38% | 6.67% |
| 合计 | 100% | 60% |

### 4.3.5　TCL 集团的监事会情况

TCL 集团的监事特点为：

一是监事学历偏低，2003—2006 年，监事成员均未受过高等教育。

二是监事年龄偏大。2003—2006 年，年龄在 45 岁以下的监事仅占 1/3。

三是监事的薪酬及津贴。监事三人，其中一人在公司专职任职，其 2006 年报酬为 46 万元，其 2005 年报酬为 49.6 万元，其他两名监事不在公司领薪（且未在股东单位及其他关联单位领取报酬、津贴），其津贴为每人每年 3 万元。

四是杨利是员工代表监事，其担任本公司深圳 TCL 房地产有限公司董事长，其独立性值得怀疑。TCL 集团监事会情况详见表 4-8。

表 4-8　TCL 集团的监事会情况

| 年度 | 员工代表监事比例 | 监事会开会次数 | 监事会人数 | 监事会人员学历在大学以上的人数 | 年龄在 45 岁以下的监事比例 |
|------|------|------|------|------|------|
| 2003 年 | 33% | 3 次 | 3 | 0 | 33% |
| 2004 年 | 33% | 3 次 | 3 | 0 | 33% |
| 2005 年 | 33% | 5 次 | 3 | 0 | 33% |
| 2006 年 | 33% | 4 次 | 3 | 0 | 33% |

资料来源：本表根据 TCL 集团 2003—2006 年年报编制

### 4.3.6 TCL 集团的经营者激励

TCL 集团的经营者激励有以下特点:

第一,TCL 集团的激励方式有:薪水激励、津贴、经营者持股。年薪没有风险,对经营者激励作用不大。津贴起到基本的保障作用,与经营绩效无关,因而不能提供有效的激励。经营者持股,使经营者享有一定的剩余索取权,旨在激励其长期化行为,激励作用较大,风险也较大。2003—2006 年 TCL 集团经营者持股比例在下降。

第二,TCL 集团的高管薪酬比较高。高级管理人员包括公司的董事、监事、高级管理人员。TCL 集团的董事存在兼任公司高级管理人员的情况。2003 年有 3 名董事在股东单位领取报酬,2004 年有 4 名董事在股东单位领取报酬,2005 年有 3 名董事在股东单位领取报酬,2006 年有 4 名董事在股东单位领取报酬。此外,TCL 集团的独立董事不在公司领薪。TCL 集团的监事中有两名不在公司领薪。TCL 集团的经营者激励见表 4 - 9。

表 4 - 9　TCL 集团的经营者激励

| 年度 | 高管持股比例 | 独立董事津贴 | 高管薪酬总额 | 报酬最高的前三名董事薪酬总额 | 报酬最高的前三名高级管理人员薪酬 |
|------|------------|------------|------------|------------------------|------------------------|
| 2003 | 15.63% | 60000 | 351 万 | 189 万 | 189 万 |
| 2004 | 9.96% | 60000 | 529 万 | 228 万 | 134 万 |
| 2005 | 10.17% | 60000 | 1079.8 万 | 294 万 | 284 万 |
| 2006 | 7.29% | 60000 | 967.2 万 | 255 万 | 349 万 |

资料来源:根据 TCL 集团 2003—2006 年年报编制

### 4.3.7 TCL 集团公司治理的总体评价

TCL 集团的股权结构不合理,形成明显的"中央集权"。参加股东大会的人数逐年递减,而且出席股份的比例不高。TCL 集团的董事会规模偏大,董事会代表的股权比例偏低,2006 年内部人控制度为 33.33%,TCL 集团的董事长兼任总经理,未能实现两职分离,难以实现董事会监督的独立性和有效性。董事会成员及监事会成员的学历偏低,年龄偏大。TCL 集团的高管薪酬较高。

## 4.4  TCL 集团合并会计方法选择的评价: 公司治理视角

TCL 集团的公司治理模式兼具外部监控式公司治理模式和内部监控式公司治理模式的特点。TCL 存在着强管理层、弱小股东的问题,这与外部监控式公司治理模式相似。TCL 集团的管理层不但实际控制了企业,还掌握了相对控制权。截至 2006 年,其高级管理人员持股比例为 15.63%,而第一大股东惠州市投资控股有限公司持股比例下降为 12.84%,而 TCL 集团董事长兼总裁李东生的持股比例为 4.72%,超过董事会其他成员持股比例总和。TCL 集团的内部机构由股东大会、董事会、监事会、经理层、员工组成,这与内部监控式公司治理模式相似。但 TCL 集团的实权掌握在经理层手中,股东大会、监事会形同虚设。在 TCL 集团的公司治理模式下,会存在"内部人控制",会计政策选择的效率性和机会主义行为并存。

TCL 合并会计方法的选择是公司治理中各利益相关方博弈均衡的结果。对于股东而言,权益结合法下的净资产收益率是购买法的近两倍,而净资产收益率是上市公司再融资的保障线。对于管理层而言,权益结合法与购买法相比,无论是合并当年,还是以后年度都能够报告较高的利润,从而增大管理层的报酬效用。从另一方面讲,如果企业合并选择购买法,就很可能产生商誉。如果企业管理层不惜代价进行非理性并购,就会产生巨额商誉。而对巨额商誉进行摊销或计提减值准备,将大幅降低合并企业利润,利润下降不仅影响管理层的分红和报酬,而且可能引起股票价格的大幅下跌,而管理层要对此承担责任,鉴于此,权益结合法是企业管理层的首选。对于政府而言,政府无论以股东身份还是以监管者的身份都对国有企业的合并拥有绝对的控制,我国法律为政府对国有企业之间产权交易的干预提供了支持。而合并后的 TCL 集团,国有股的比例为 25.22%,是绝对的第一大股东。因此,从合并开始直至合并后的会计处理方法的选择等方面,都一定有着政府的推动和支持。如前所述,TCL 合并的目的是迂回上市、产生资源联合效应等,这无疑是应该得到政府和市场的大力支持和追捧的,也应该是一个健康、发达的市场中企业合并的真正目的。

总之,我国一些企业间合并在会计处理方法上选择权益结合法有其深层次的原因,就像 TCL 合并案一样,从一开始产生合并预案到合并期间的会计处理,TCL 集团的公司治理对合并会计政策的选择产生了很大的影响。

# 5. 完善公司治理结构,实现会计政策选择的公允

## 5.1 我国上市公司治理结构存在的问题

### 5.1.1 股权结构不合理,缺乏多元股权制衡机制

我国上市公司股权结构具有四个突出特点:一是流通股的比重非常低,绝大部分股份不能上市流通;二是股权集中度高,大股东往往拥有绝对控制权,上市公司实际上处于大股东的超强控制状态;三是流通股过于分散,机构投资者比重过小;四是上市公司的最大股东通常为一家控股公司,而不是自然人,国有股所占比重过大。

以上不合理的股本结构特点导致两方面的问题:一是由于国

家股股东权利的执行机制不健全,结果导致政企不分,企业目标政治化,或是内部人控制。内部人滥用股东资产和公司资源,企业目标偏离股东价值最大化。二是公众股东对上市公司缺乏有效的直接控制力。

### 5.1.2 内部人控制严重

"内部人控制"就是指在现代市场经济中,由于现代企业制度是建立在企业经营者对出资人财产的委托代理经营的基础上的,所有权与控制权或称经营权产生了分离,所有者与经营者(即"内部人")目标的不一致性,而拥有控制权的公司经营者,有可能凭借自己手中对财产的控制权寻求自身利益的最大化,而忽视甚至损害出资人的利益。

在我国上市公司中,存在着两种类型的"内部人控制"。在民营控股的上市公司,"内部人"由大股东和高层经理人构成;在国有控股的上市公司,由于大股东缺位,"内部人"实际上是高层经理人。[①] 这两种"内部人控制"具有明显差别,前者"内部人"控制损害的是中小股东的利益;后者损害的是中小股东或大股东(国家)或全体股东的利益。内部人控制主要表现为:一是董事长和总经理二职合一。董事长、总经理权力过分集中,又缺乏有效的制约,不能形成投资者、经营者、监事会有效的制约机制,导致董事会独立和监督功能丧失,总经理自己"聘用"自己,监督自己,总经理为谋求其自身利益的满足,会与公司其他股东的利益相冲突,使我国

---

① 吴世农:《独立董事制度若干问题的思考》,《证券市场导报》,2001 年。

公司的治理处于一种失衡的状态。二是国有上市公司董事会独立性差，上市公司董事会成员基本来自大股东，外部董事人数较少。"内部人"董事局限性在于：董事会的独立性低，难以保证决策的公正性。当大股东的利益与公司的利益相矛盾时，"内部人"董事极有可能站在大股东的立场上（否则可能被撤换），而不是以集体利益为重，难以保证决策的公正性及董事会的独立性。

### 5.1.3 监事会职责弱化

监事会职责弱化表现为：第一，监事会没有足够的权利，无法彻底履行其职责。在我国公司运作实践中存在着两个层次：一是股东大会、董事会、总经理管理层次；二是股东大会、监事会、董事会和部门经理层次。按此种"两线平行"的公司治理结构，公司监督机制的重心——监事会实际上处于一种十分尴尬的地位，即下位权力或弱势权力监督上位权力或强势权力，这在实践中处于"二律背反"中。如董事或经理人的行为损害了公司利益，监事只能要求其纠正。如果要求没有作用，监事可以提请召开临时股东会并将这些行为报告给股东会。股东可以决议解聘犯错误的董事或经理人，但提请召开临时股东会的决议也可能被拒绝，因为召集临时股东会的权力掌握在董事会手中。第二，监事会成员缺乏独立性及有效的监督技能。我国《公司法》没有规定担任监事的积极能力资格，只要符合消极资格的要求就能成为监事，立法没有界定监事注意事项的具体内容，也没有督促监事尽职尽责的制约机制。由于监事会人员来自企业内部的代表比例相对过高，文化程度相对较低,其中专业审计人员多由公司内部的审计人员兼任。这样的人员结构一方面导致缺少监督者应有的独立性,另一方面也缺乏有效的监督技能,使得企业监事会代表股东对董事会进行监督的职能并没有实施,监事会也就形同虚设。

### 5.1.4 对经营者缺乏有效的激励机制

建立一套激励机制,最主要的是为了减少代理成本的同时使董事、监事及高级管理人员为公司勤勉工作,实现公司利益最大化,这样最终受益的是全体股东。目前,我国大部分上市公司激励手段实行的是年薪制。由于经理人员的年薪是与公司的本期和上期的业绩挂钩,与公司的未来关系不大,公司价值的变动与经理人员的当前收入几乎不存在相关性,上市公司经理就会产生短期行为,并有粉饰会计报表的动机。年薪制对经理人的激励并不十分有效。

# 5.2 完善公司治理结构的途径

### 5.2.1 明晰产权,发挥产权制度对会计信息生成过程的规范和界定功能

产权的明晰界定,为会计信息系统目标的实现创造了两个重

要条件:一是股东追求资本收益的最大化;二是各种利益相关方与管理当局之间存在经济上的合约关系。有了这两个条件,既可允许和鼓励企业根据会计交易费用的高低进行会计政策选择,又可以发挥会计准则的激励约束和资源配置的作用。我国的国有企业应形成多元化的产权结构,以解决所有者缺位和所有权虚化等问题,使各方有动力加强对企业会计行为的监督,使企业进行会计政策选择减少随意性,尽可能反映各利益相关方的共同利益。

### 5.2.2　优化上市公司的股权结构

可通过以下两种途径优化上市公司的股权结构:

(1)大力发展机构投资者,发挥它们在公司治理中的积极作用

目前,我国股份公司股东大会实行的是"一股一票"的表决权制度,由于公司股权高度集中,实行这种表决制度最大的弊端是少数大股东利用其绝对控股地位,控制着股东大会决议的表决,中小股东根本没有发言权,甚至无法保护自己的合法权益。只有机构投资者队伍壮大了,股权过于集中和流通股过于分散的现象才能得到缓解。当机构投资者所持有的股票大量增加时,它才会一改"用脚投票",对企业管理被动、旁观的态度,开始积极介入企业战略管理,从外部施加压力,极大地推动上市公司的治理,使市场的整体素质得以提高,从而使所有投资者受益。

(2)国有股的交叉持股

在国有资产的持有上引入竞争机制。即通过资产置换,使每一个上市公司的国有资产都由几家国有资产持有公司持有,这种

做法不能有效解决国有资产所有者缺位的问题,但可以通过相互牵制,在一定程度上解决国有股一股独大所造成的问题,提高国有资产的安全程度。

### 5.2.3 发展独立董事制度,防止"内部人控制"

为防止独立董事制度流于形式,充分发挥独立董事制度应有的监督作用,还要进一步健全对董事会、经理层及监事会的激励机制和约束机制,通过理顺三者之间的关系,使独立董事能够充分掌握公司信息,在行使职权过程中不至于被"独立"起来。同时,建立健全独立董事制度的相关法律法规,保障独立董事依法行使权力。独立董事必须对下列公司重大事项发表独立意见:重大关联方交易,提名或任免董事,聘任或解聘高级管理人员,公司董事和高级管理人员的薪酬,大股东重大资金往来,重大对外担保,聘用或解聘会计师事务所,可能损害少数股东利益的事项。企业所选择的会计政策及会计政策变更的理由及由此产生的会计影响等,应受到独立董事的监督,并向各利益相关方披露,各利益相关方或独立董事对管理当局所采用的会计政策有权要求其做出解释或予以调整。

### 5.2.4 加强监事会的独立性

加强监事会的独立性应当从财政和人事两方面着眼。监事会的预算支出占整个公司行政经费的比例要规定在公司的章程里,在银行里设立独立的账户,不需要董事会决议拨款,也不需要向经理部门申请经费开支,以免因经费的原因影响监事会正常行使监督权;监事会在人事方面也应保持相对独立性,监事会的一般工作人员由监事会聘任,不归公司的人事部门管理。董事会无权调动监事和监事会工作人员的工作。监事和监事会工作人员的职责由公司章程规定,其主要职责就是对公司董事及经理人员进行监督。同时由董事会对监事会人员的工作勤勉度进行反监督。如果能够建立这样一种有效监督和反监督机制,公司的财产和公司其他成员的利益安全系数将会有更大的保障。

### 5.2.5　建立完善的经营者评价与激励机制

由于委托人和代理人之间的利益冲突以及信息不对称所带来的道德风险问题,为了使经营者和管理者的目标函数趋于一致,这种代理关系通常表现为一系列的契约,特别包括报酬计划契约。有效激励的核心是将管理层的报酬与公司的持续发展相挂钩。为此,需建立与公司业绩挂钩的长期激励机制,对经理人比较好的激励方式是在拉开经理人员与其他雇员的工资差距的前提下,对公司经理人员实行基本工资、奖金、股票期权等相结合的报酬形式。其中,期股激励,既考虑了公司的长远发展,使所有者与公司经营者的目标达到最大程度的一致,又能减轻公司日常支付现金的负担,同时还可以避免公司人才流失给公司造成损失,值得大力推广。应进一步探索与上市公司业绩挂钩的股票期权激励机制,制定较长期的经理人经营绩效的评价标准,使管理当局的目标函数与所有者的目标函数趋于一致,以增强公司管理当局对股东的责任心与忠诚度,减少经理人员的道德风险,提高会计政策选择的公允性。

　　总之,公司治理是会计政策选择的内在约束机制,公司治理与会计政策选择之间是环境与系统的关系。公司治理中的各利益相关者在不同方面对会计政策选择产生影响。股东出于资本安全、股利偏好、资本利得等动因会对会计政策选择产生影响;管理层利用其对会计信息的垄断地位,会在会计准则允许的范围内选择对自己最为有利的会计政策;债权人对会计政策选择的影响主要体现在债务契约的规范和完善上;员工出于工资、奖金、股利动因而关注会计政策选择。不同的公司治理模式下,会计政策选择具有不同的特点。通过对 TCL 集团的案例分析,发现 TCL 集团公司治理模式具有外部监控式公司治理模式和内部监控式公司治理模式的特点,在这样的治理模式下,会计政策选择的效率性和机会主义性并存。而我国上市公司的公司治理模式存在着股权结构不合理、内部人控制严重、监事会职责弱化等问题,在我国公司治理模式下,会计政策选择存在着机会主义行为。我们可以通过明晰产权、优化股权结构、发展独立董事制度等措施来完善公司治理结构,从而为会计政策选择提供一个良好的环境,进而提高会计政策选择的效率性,实现会计政策选择的公允。

# 参考文献

1. 葛家澍. 会计大典[M]北京:中国财政经济出版社,1998.

2. 李维安. 公司治理[M]. 天津:南开大学出版社,2001.

3. 王竹泉. 公司治理结构中的会计监督研究[M]. 北京:中国财政经济出版社,2003.

4. 王运传. 会计政策选择研究——从契约理论到利益相关者理论[D]. 厦门大学会计学博士论文,2003.

5. 中华人民共和国财政部. 新企业会计准则[M]. 北京:法律出版社,2007.

6. 唐松华. 企业会计政策选择的经济学分析[J]. 会计研究,2000(3).

7. 杨兴全. 降低会计政策选择负面影响的思考[J]. 财会通讯,2001(3).

8. 彭快先. 会计政策选择的博弈分析[J]. 财会研究,2002(10).

9. 谢诗芬. 上市公司会计政策选择与会计信息质量[J]. 四川会计,2002(12).

10. 李姝. 基于公司治理的会计政策选择[J]. 会计研究,2003(7).

11. 贝洪俊. 现阶段会计政策选择的理性思考[J]. 财会通讯,2004 (1).

12. 衣长军. 公司治理结构理论与公司治理模式比较研究[J]. 企业经济,2004(4).

13. 钟高. 公司治理与会计信息质量的相关性研究[J]. 会计研究, 2004(8).

14. 吴玉心. TCL集团合并会计方法选择的财务效应[J]. 财会通讯,2004(8).

15. 郭立田. 公司治理结构目标与会计控制目标的偏离与纠正[J]. 经济论坛,2004(15).

16. 云静. 论经济后果观与我国会计准则制定[J]. 事业财会,2005 (2).

17. 黄华. 国外四种公司治理模式的比较与启示[J]. 经济纵横, 2005(2).

18. 刘伟新. 企业会计政策选择存在的问题及对策[J]. 大众科技, 2005(9).

19. 杨成文. 论会计政策选择目标[J]. 会计研究,2005(9).

20. 郝臣. 多维度公司治理模式的比较研究[J]. 审计与经济研究, 2005(9).

21. 杨昀. 会计政策选择及其动机[J]. 财会月刊,2005(10).

22. 彭爱群. 关于规范上市公司会计政策选择的思考[J]. 特区经济,2005(10).

23. 丁建军、苏祖安. 公司治理理论综述[J]. 经济研究,2005(11).

24. 邓倩. 我国上市公司会计政策选择与公司治理[J]. 财会月刊, 2005(12).

25. 庞碧霞. 论会计准则的经济后果[J]. 事业财会,2006(3).

26. 江金锁. 企业会计政策选择研究[J]. 审计与经济研究,2006(3).

27. 褚仁凤. 公司治理的理论基础及制度安排[J]. 财会通讯,2006(4).

28. 魏海丽. 会计透明度与公司治理[J]. 当代财经,2006(4).

29. 苏海雁. 西方基于利益相关者理论的财务目标理论探讨[J]. 财会通讯,2006(8).

30. 王怀明、张芬芬. 公司治理与内部控制的动态演进与扩张[J]. 财会通讯,2007(1).

31. 康霞、邸丛枝. 公允价值应用下的盈余管理[J]. 财会月刊(会计),2007(5).

32. Cullinan. International Trade and Accounting Policy Choice: Theory and Canadian Evidence, *International Journal of Accounting*, 1999.

33. Kothari. S. P. Capital Markets Research in Accounting, *Journal of Accounting and Economics*, 2000.

34. Farber and David B. Restoring Trust after Fraud: Does Corporate Governance Matter, *Accounting Review*, 2005.